ノングルテンでふんわりやわらか

白神こだま酵母のお米パン

大塚せつ子

農文協

ノングルテンで
ふんわりやわらか

白神こだま酵母のお米パン

CONTENTS

＊この本では次の材料を使用しました。入手先は93ページをご参照ください。
米粉……米ドルチェ
砂糖……喜美良
（奄美諸島産さとうきび100％使用）
塩………π（パイ）のあら塩
（海水と天日塩田塩が原料）
玄米粉…リブレフラワーブラウン
（焙煎した玄米粉）
＊材料表のベーカーズ％は、米粉を100％とした場合の各材料の割合です。分量をかえてつくるときの参考にしてください。

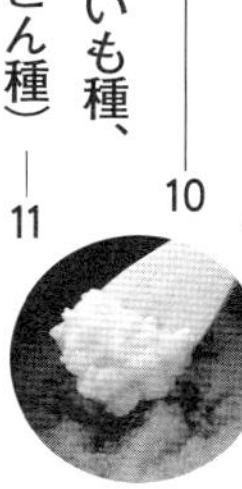

米粉とごはんでつくる米パン レシピ

単なる米粉パンではありません

白神こだま酵母ならではのお米パン —— 81

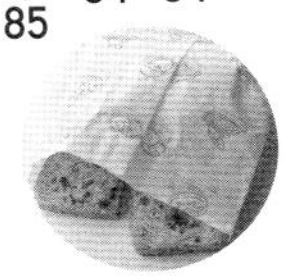

おいしい米パンをつくるために

これぞ日本のお米パン
グルテンを使わず、白神こだま酵母でふっくらおいしく焼きました

グルテンも油脂も使いません

「米粉100％のパン」。よく目にする言葉ですが、残念ながら小麦アレルギーのほとんどの人が食べられません。なぜなら、それらのパンの多くは小麦粉は不使用ですが、小麦たんぱく「グルテン」が添加されているからです。近年は、グアーガムやキサンタンガムなどの増粘多糖類を加えた米パンも出回っています。

けれども、この本でご紹介する「白神こだま酵母」でつくる米パンは、国産米粉にわずかな砂糖と塩さえあればできあがります。グルテンはもちろん油脂も必要ありません。卵も、乳製品も加えません。

なぜ、グルテンを使わずに米パンが焼けるのでしょうか？　グルテンの代わりにパンをふくらませる強い味方は、「おかゆ」や「米粉のり」「ポン菓子」。そして、この驚異的なパンづくりを支えているのが「白神こだま酵母」です。白神山地という一年のうち半年も雪で覆われる過酷な環境を生き抜いてきたその強い生命力と特性があればこそ、自然の材料だけで米パンを焼き上げることができるのです。

翌日もかたくならない！　一斤型で焼ける！

わたしがこれまでつくっていたパンもそうでしたが、グルテンを使わずに焼いた米パンは、翌日になるとカチカチ、コチコチになる小型のものがほとんどです。翌日はオー

ブントースターで焼き直すか、電子レンジで温めて食べてもらっていました。けれども、この本で紹介する米パンは、翌日もかたくなりません。しかも大きな一斤型で焼くことができるので、サンドイッチもつくれるのです。

その秘密は、野菜種《やさいだね》。じゃがいも、さつまいも、かぼちゃ、長いも、れんこんといった野菜のすりおろしを加えることで、ふっくらとふくらみ、当日のやわらかさはもちろん、翌日になってもそのまま食べられる、やわらかな米パンが焼き上がりました。

さらに、「炊飯器で炊く」ことで、よりふんわりとした、真っ白な米パンができあがりました。

見かけは「パン」なのに、「ごはん」のおいしさ

オーブンで焼いた米パンは、外がカリカリ、中がしっとりモチモチで、食感の違いが楽しめます。とくに焼きたてのカリカリ感は、焼いた人へのご褒美だと思うほど魅力的。油脂など入れなくてもしっとりやわらかなのは、お米のもつでんぷんの保湿力、そして白神こだま酵母のおかげです。手に取るとそれはパンなのに、噛めば噛むほどにお米の甘みが感じられ、飲み込んだ後に安心感があります。

ノングルテンにこだわったのは、あくまでもアレルギーの方々に対する配慮でしたが、日本人に好まれる味に仕上がったのはうれしい驚きでした。小麦には小麦のおいしさがあり、米には米のおいしさがあります。油脂や卵、乳製品、グルテンや添加物など余分なものを一切使わない「引き算のパンづくり」だからこそ生まれたおいしさです。

ノングルテンの米パン、それはまさに日本人好みの新たな食文化の始まりといえるかもしれません。

ここがポイント

ノングルテン米パンのつくり方

グルテンを加えずに、やわらかくふくらむ米パンを上手に焼くためには、いくつかのポイントがあります。まずはそのポイントをご紹介しましょう。

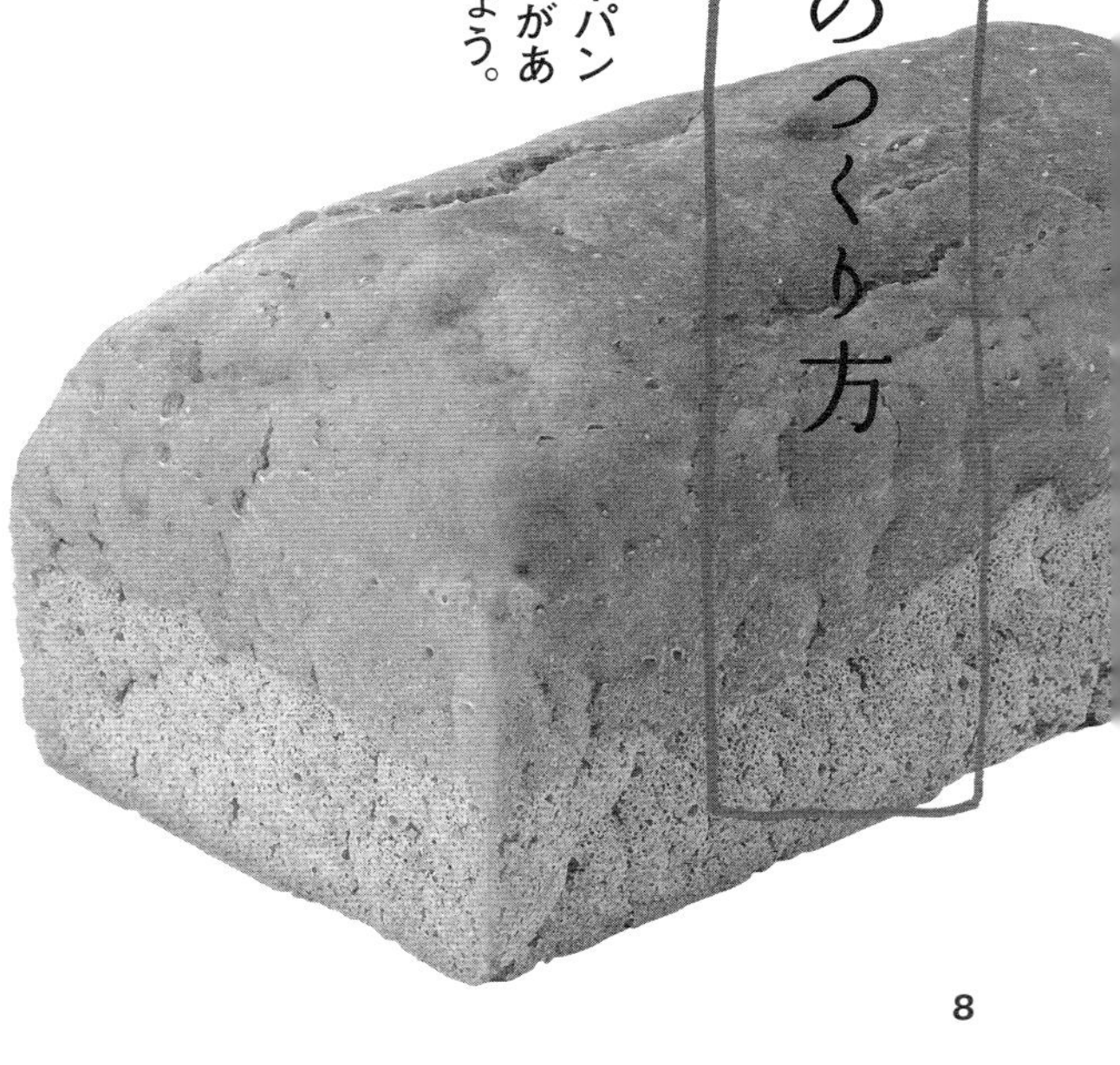

● 米粉は微粉を使います

米粉はなるべく微粉の米粉を使います。最近は一般にも販売されていますが、お菓子用として販売されているものなどが適しています。米粉の粒子が大きいと、なかなか「のり」としてつながりません。舌ざわりも上新粉などの場合はざらつきが感じられ、食感もよくありません。

米粉は吸水率のばらつきが多いので、なるべくいつも同じ米粉を使うようにすると失敗が少なくてすみます。

なお、本書では米《マイ》ドルチェという国産米を微粉砕した米粉を使いました（91ページ参照）。

●米粉類は必ずふるいにかけてから

米粉、砂糖、塩などを合わせたら、必ずふるいにかけておきます。とくにパフ種（19ページ参照）や玄米粉、野菜パウダーなどを使うときは、必ず米粉と一緒に粉ふるいに数回かけましょう。粉類のムラやばらつきがなくなり、均一な生地をつくることができます。安定した生地をつくるためには、粉類がまんべんなく混ざっているかどうかが、大きなポイントになります。また、ふるいにかけることによって粉と粉の間に細かな空気層ができるため、水分が入りやすくなるとともに、酵母の活性がよくなります。パンこね機（ニーダー）やフードプロセッサーを使うときは、ふたをして粉だけをまわすようにします。

●ふくらむ力、「のり」のつくり方

グルテンを使わない米粉１００％のパンは、のり状のでんぷんを利用してガスを包み込む部屋をつくり、ふくらませます。基本ののりは、「おかゆ種《だね》」「米粉のり種」「パフ種」の三種。これにサポート役として「野菜種」を使います。のりをつくるポイントは、それぞれの素材に応じた適切な水分量を加え、しっかり加熱してから使うこと。各種のりのつくり方は、18〜19ページを参照してください。

おかゆ種

米やごはんに水を加え、加熱しておかゆをつくり、裏ごしして使います。米1に対して水3の割合ではじめからおかゆをつくるか、同量の水で炊いたごはんに2倍の水を足してゆっくりおかゆをつくります。水分量の違いができあがりに影響するため、何度も試作して、おかゆの炊き加減を覚えてください。温かいうちに裏ごしをして、常温か30℃くらいに冷ましてから使います。

米粉のり種

米粉に水を加え、加熱してのり状にします。ポイントは水分量です。米粉60ｇに水２００ｇを基本分量にしていますが、米粉は吸水率のばらつきが多いので、使う粉によって調整が必要になります。常温か30℃くらいに冷ましてから使います。

パフ種

砂糖をまぶしていない無糖のポン菓子を、フードプロセッサーでサラサラになるまで、なるべく細かくしてから使います。米粉のり種やおかゆ種は水分量にブレがでやすく、できあがりが安定しにくいのですが、パフ種は乾燥しているので水分が一定でつくりやすいのが特徴です。保存も可能で、手軽に使えるメリットがあります。

野菜種

米粉のり種、おかゆ種、パフ種だけを単独で使うより、他のでんぷんと組み合わせれば、よりやわらかくふくらむパンができます。今回、サポートする仲間として野菜のでんぷんを使いました。なるべく目の細かなおろし金ですりおろし、水を加えて加熱してのり状にします。でんぷんの形にはそれぞれの個性があり、さまざまな形が組み合うことでより強い結びつきになるといわれています。

野菜は収穫した場所や季節、品種により、水分やでんぷんの量に多少の違いがありますので、粘りの状態を見ながら水分量を調整してください。

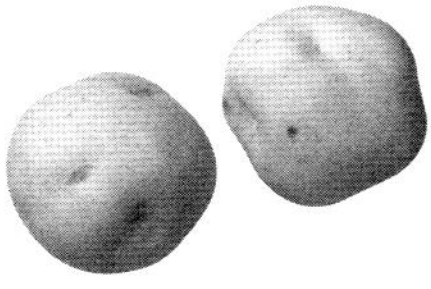

じゃがいも種

水分が一番安定していると思います。味、色ともに強い癖がないので、基本生地に使っています。いろいろな種類が出ていますので、色や味にこだわってもおもしろいでしょう。本書では男爵を使いました。

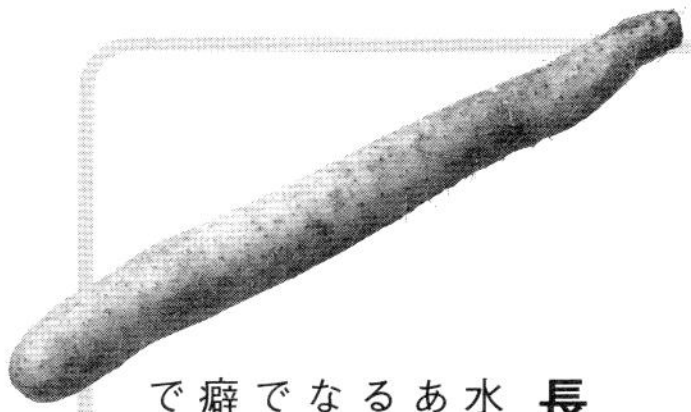

長いも種

水分量がさまざまです。あまりさらさらしているようなら、同量ではなく0・5倍くらいの水で調整してください。癖がなくて使いやすいです。

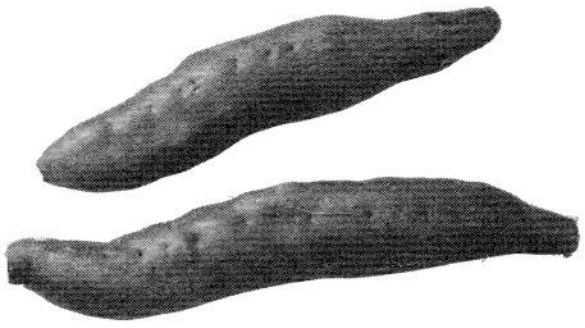

さつまいも種

品種によって甘さや水分量が変わりますが、でんぷんは比較的安定しています。味、色ともに個性があるので、それぞれを楽しむことができます。

れんこん種

れんこんは水分が多いため、すり下ろしたら水を足さずにそのまま火にかけます。れんこんの風味がいきわたり、個性豊かな生地になります。

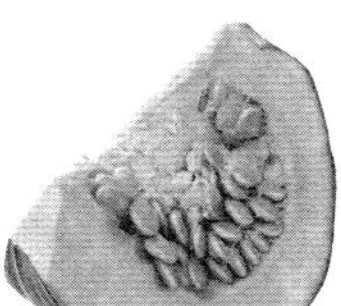

かぼちゃ種

品種によってかなり水分量が違うようですが、なるべくほっくりとした水分が少なめのかぼちゃが向いています。かぼちゃの色が出ますので、その特徴を生かしたパンをつくるといいでしょう。

それぞれの種のつくり方は18〜19ページを参照。

本書は、いちばん安定してつくれる「パフ種」と「じゃがいも種（男爵）」でレシピをつくりました。もちろん、水分を調整することによって、じゃがいも種とおかゆ種や米粉のり種との組み合わせもできます。21ページや24ページの材料表の温水を8％減らし、種の分量を半分にしてつくってください。使うものによって吸水などが変わりますので、慣れるまではいつも同じ材料を使って、どういう生地の状態がよいかを覚えてください。それがわかるようになると、応用がききます。

まずは、自分の基準を確立することが大切です。失敗を恐れずに挑戦しましょう。「失敗」を失敗のまま終わらせると「失敗」ですが、それを参考にすると失敗と思われていたものが「経験」に変わるのです。

注意！

アルファ化したでんぷん類はすべて（パフを除く）、その日につくったものを使用してください。アルファ化されたでんぷんはすぐにベータ化（劣化）が始まります。つくり置きしても効果がありません。

●こねはしっかり

生地は木べらなどでしっかりと回してつくります。生クリームのようにつやっときれいに光るまで混ぜ合わせます。米粉とそれぞれのでんぷんがしっかりと混ざり合い、ひ

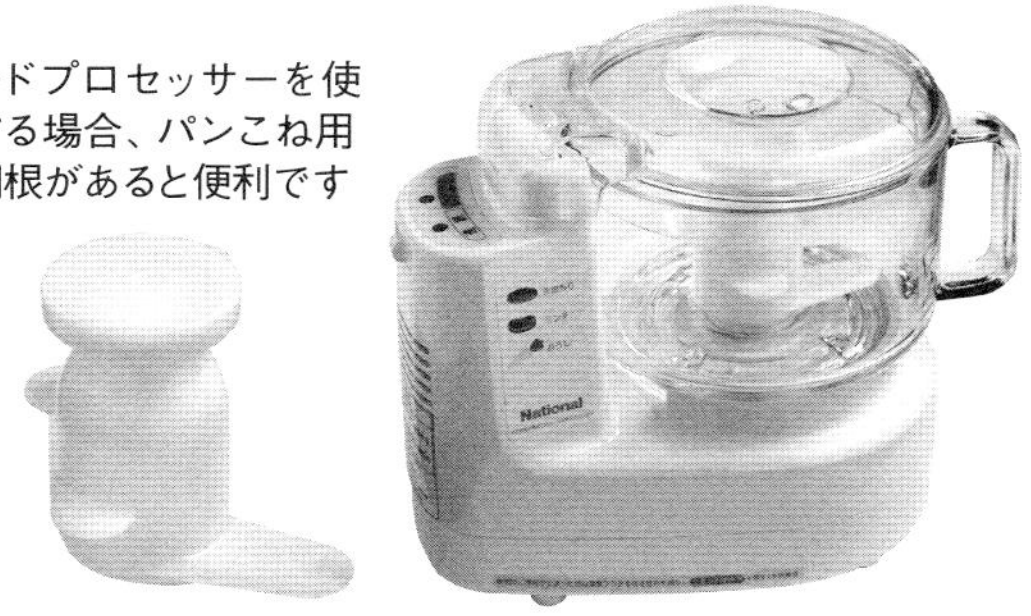

フードプロセッサーを使用する場合、パンこね用の羽根があると便利です

とつのまとまった生地になってはじめて、ガスを包み込めるようになるのです。生地の混ざり加減によって、どれだけガスを包み込めるかが決まります。いかにきれいな生地がつくれるかが、発酵の際もポイントになります。そのため、パンこね機（ニーダー）やフードプロセッサー（パンこね用の羽根を使用）の力を借りることをおすすめします。労力的にもラクです。本書では、日本ニーダー(株)ＰＫ３０１、ナショナルフードプロセッサーＭＫ－Ｋ58を使用しました。

●30～35℃、湿度85％で発酵させます

米パンの発酵は一回だけです。酵母の力だけが頼りですから、白神こだま酵母に適した環境を整えることが大切です。生地のこね上がりの理想温度は30～35℃。酵母が活性化する温度帯です。

食型やケースはひと肌程度に必ず温めておきましょう。せっかく35℃にこね上げても、ケースが冷たいとすぐに温度が下がって酵母の活性が抑えられてしまい、なかなか発酵しない場合があります。

発酵させるときも、温度30～35℃、湿度85％程度の環境を整えてください。23ページで、家庭でもっとも簡単かつ確実に発酵させることができる方法をご紹介していますので、ぜひ活用してください。

大切なのは温度と湿度です。温湿度計で確認し、湿度が足りないときはラップなどで覆い、絶対に乾燥させせないように注意して発酵させてください。生地量の約2倍になったら発酵完了です。

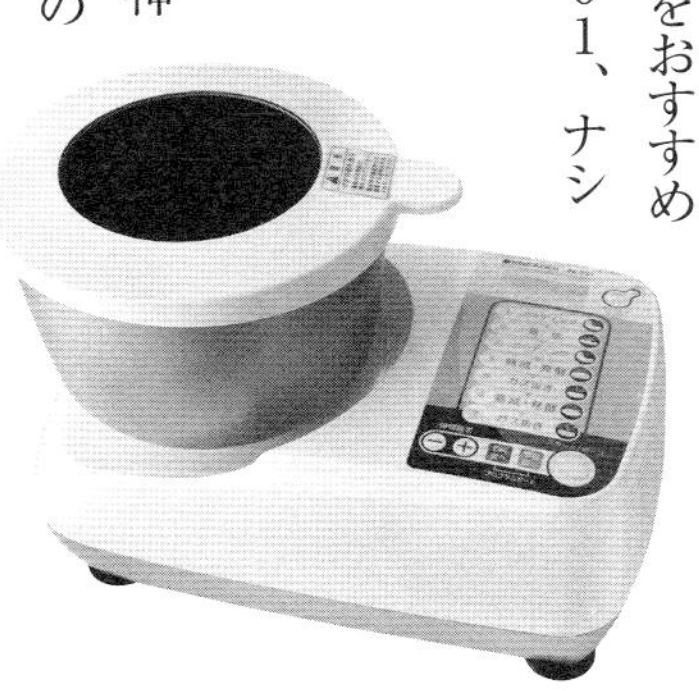

●乾燥厳禁の焼成タイム

空気に触れると表面が乾いて粉に戻ってしまうのが、米粉の生地の特徴です。ですから、必ずふたをしてからオーブンに入れます。とくにガスオーブンなどは風が強く乾きやすくなりますので、ふたをした上からアルミホイルなどでさらに覆ってオーブンに入れてください。

表面がしっかり焼き固まってからふたを取り、その後きれいな焼き色をつけていきます。表面が白くガビガビになってしまうと、見た目もおいしそうでありませんし、食感もよくないので十分に注意しましょう。

焼き上がったらケースごと台にコツンと落とし、余分な熱を抜いてから型から出します。

●炊飯器は「早炊きコース」で炊く

炊飯器によってさまざまなコースがありますので、炊飯器で炊く場合は確認してください。ほとんどの「標準の炊飯コース」にはお米を水に浸す時間がふくまれていますが、炊飯器によってその時間がまちまちですので、発酵が一定になりません。「早炊きコース」という浸し時間がなくすぐに炊き始めるコースを選択します。

一度スイッチが切れたら、もう一度早炊きコースのスイッチを入れるか、あるいはパン焼き機能がついていたら20分ほど焼いてください。米パンは水分が多いので、少し長めに時間をとります。炊き上がったらすぐに内釜から取り出します。

圧力炊きや真空炊きなど炊飯器によっては米パンには不向きなものがありますので、ご注意ください。本書では、東芝RC－5NSを使用しました。

●フライパンで焼くときもふたをして

フライパンで焼くときも、乾燥しないようにふたをして焼いてください。発酵なしで直接、フライパンに流し込みますので、火加減はごく弱火に。このとき酵母の働きを活性化させます。

●蒸すときは、中火でゆっくりと

蒸し器の蒸気が上がったら一度火を止め、生地を並べてふたをして中火で蒸します。強火で一気に蒸さないほうがふっくらとした蒸しパンになります。米のでんぷんの糊化温度は、小麦粉の糊化温度より低いことがわかってきました。

ごはん・上新粉＋国産小麦の米パンもおいしい

小麦を避ける必要がないのなら、国産小麦にごはんや上新粉をプラスしてみましょう。小麦の生地にごはんを入れると、油脂を使わなくてもパンがやわらかくなり、ごはんのもつやさしい甘みで砂糖を減らせます。まさに「ごはん効果」。上新粉も湯種にして小麦の生地に加えることで、ざらつき感がなく、もちもちしたパンがつくれます。

ここ数年、米粉でパンをつくるのが盛んですが、パンづくりを米粉だけにまかせておくのはもったいないと思いませんか。ごはんでも、上新粉でもおいしいパンをつくることができます。

「白神こだま酵母」は温水で溶かして

「白神こだま酵母ドライ」は粉量に対して2％を使います。酵母量の5倍の温水（35℃）で溶かして使うことで生酵母と同じ状態になります。酵母を溶かす温度は年間を通して35℃を守ってください。低すぎると焼き上がったパンは白神こだま酵母らしい香りが出にくく、40℃を超えると酵母が著しく損傷します。使い方は25ページをご参照ください。

米粉とごはんでつくる米パンレシピ

3つの基本の種《たね》と
それを支える野菜種のつくり方

グルテンの
代わりにパンを
ふくらませる
強い味方！

1 おかゆ種

お米や、ごはんからつくる種（残りごはんがパン種に変身）

つくり方

1・炊きたてのごはん（米とほぼ同量で炊いたごはん）に、2倍の水を入れて火にかけます。

2・沸騰したら弱火にして、とろみがつくまで5〜6分ゆっくりと炊いたら、ふたをして5分ほどおきます。
＊お米からつくる場合は、米の3倍の量の水でおかゆをつくります。

3・粗熱がとれたら裏ごしをします。常温か30℃くらいまで冷ましてから使います。熱いまま使うと酵母の発酵が進み、よい生地ができません。

2 米粉のり種

米粉からつくる種（米粉があれば、気軽につくれます）

つくり方

1・米粉50gと水180gを鍋に入れてよく溶かしておきます。

2・中火にかけます。米粉はかたまり始めると一気にかたまるので、木べらでよく混ぜます。

3・かたまったあとも、しっかり熱が加わるまで混ぜ合わせます。のり状になり、お団子のような匂いがし始めたらほぼ大丈夫です。常温か30℃くらいまで冷ましてから使います。熱いまま使うと酵母の発酵が進み、よい生地ができません。

3 パフ種

無糖のポン菓子からつくる種（簡単にできて、保存がきくので便利です）

つくり方
無糖のポン菓子をフードプロセッサーで、サラサラになるまで細かく砕きます。湿気が入らないように注意して保存します。数日間、保存できるので便利です。

4 野菜種

野菜をすりおろしてつくる種（他の種をサポートする仲間たちです）

じゃがいも種

じゃがいもの皮を厚めにむいて、水に10分ほどさらしてすりおろし、同量の水と混ぜ合わせます。鍋に入れて火にかけ、木べらでよく混ぜながら、しっかりとしたのりをつくります。

1

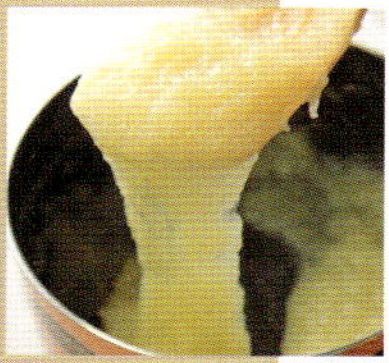

2

さつまいも種

さつまいもの皮をむいてすりおろし、じゃがいもと同様にして、しっかりとしたのりをつくります。

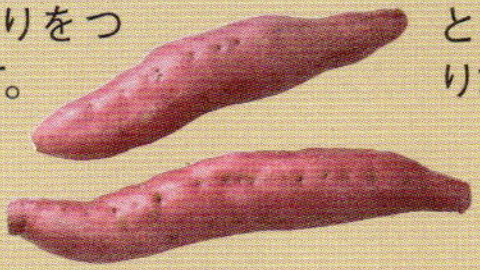

かぼちゃ種

かぼちゃは皮をむいてすりおろし、じゃがいもと同様にして、しっかりとしたのりをつくります。

長いも種

長いもの皮をむいてすりおろします。半量ほどの水と混ぜ合わせます。鍋に入れて火にかけ、木べらでよく混ぜながら、しっかりとしたのりをつくります。

れんこん種

れんこんは皮をむいてすりおろし、水は入れずにそのまま鍋に入れて火にかけます。木べらでよく混ぜながら、しっかりとしたのりをつくります。

＊野菜の水分量などは産地や季節、品種によって異なりますので、必要に応じて調整してください。たとえば、新じゃがは水分が多いので、加える水を減らします。

オーブンで焼く

一斤型で焼ける米パンです。焼き立てのミミはカリカリ、サクサク。
その食感がたまりません。中はしっとりモチモチです。

釜伸びがよく、つくりやすいパン。ていねいに裏ごしすると
よりふっくら焼き上がります。おかゆを炊くときの水分量に気をつけて。

おかゆ種のプレーンパン

＊一斤型は192㎜×95㎜×高さ98㎜のものを使用しています。

＊材料表のベーカーズ％は、粉を100％とした場合の各材料の割合です。分量をかえてつくるときの参考にしてください。

材料　一斤分（ベーカーズ％）

【A】

米粉	300g	（100％）
砂糖	9g	（3％）
塩	3.6g	（1.2％）

【B】

おかゆ種（P18）	90g	（30％）
白神こだま酵母ドライ	6g	（2％）
温水（35℃）	195g	（65％）

＊酵母は約5倍の温水（材料分から取り分ける）で溶かしておきます。溶かし方はP25を参照。

つくり方

1・【A】の材料を合わてざるなどでふるい、まんべんなく混ぜておきます。粉の中に空気が入り込むことで、酵母の活性がさらによくなります。

＊粉が細かく飛びやすいので気をつけます。

2・【B】の材料を入れて木べらでしっかり、生クリームのようなつやが出るまで混ぜ合わせます。

＊器に酵母が残らないように、温水で酵母のついた器を洗いながら加えます。

3・粉が飛び散りやすいので、はじめはまわりから崩しながら混ぜていき、全体が混ざったら木べらをしっかりとボウルの底につけてくるくると回し、生地が滑らかになるまで7〜10分ほどしっかり混ぜ合わせます。

4・生地の温度が30～35℃になっているか確認します。生地の温度が低い場合は、下に80℃くらいのお湯をはって生地を回すと温度が上がります。

5・ケース（一斤型）をあらかじめ湯煎などで、ひと肌程度に温めておきます。底が冷たいと発酵が遅くなるので、必ず温めておきます。

6・その中に生地を流し入れます。

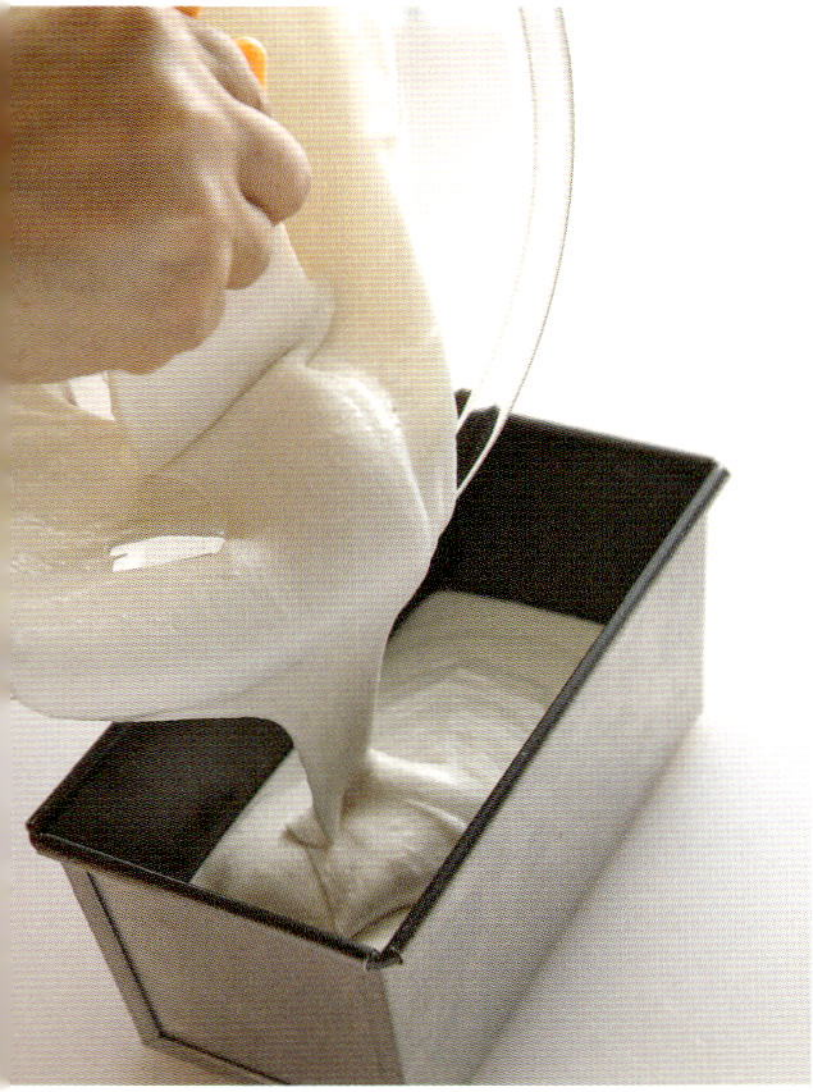

ニーダーを使うと便利！

パンこね機（ニーダー）やフードプロセッサー（パンこね用の羽根つき）を使うと便利です。はじめにふたをして【A】の材料だけを回し、全体をまんべんなく混ぜるとともに粉の中に空気をふくませます。次に【B】の材料を入れて、ニーダーの場合は5～6分、フードプロセッサーなら1分半くらいかけます。

温度が低いとかたく感じるので、水分調整は必ず生地の温度が30℃くらいになってから行ってください。

発酵にはセラミックボールを利用して

生地を発酵させる場合、乾燥しないように注意しましょう。器にセラミックボールを入れて熱湯をはったものを近くに置いておくと、温度が下がりにくく、湿度を保ちながら発酵できるのでおすすめです。セラミックボールの遠赤外線効果で、中から発酵が促される感じです。全体にふたをするのも忘れずに。

また、生地を冷たいところに置かないように注意します。下にマットなどを敷くと保温効果があります。

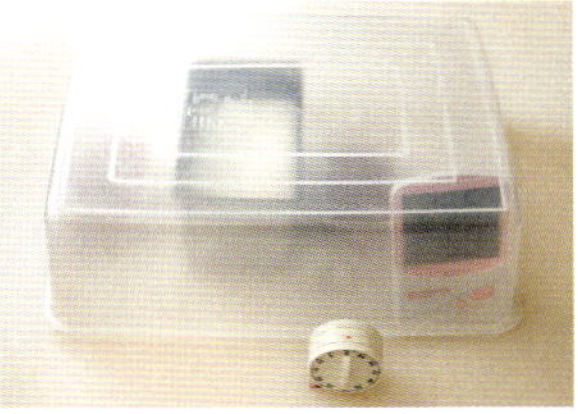

7・30〜35℃、湿度85％で30〜40分、生地が約2倍にふくらむまで発酵させます。
＊ぶつけたりして生地に衝撃を与えると、うまくふくらまなくなるので要注意。ていねいに扱いましょう。

8・ケースにふたをして160℃で10分、200℃で20分焼きます。
＊米粉の生地は、空気に触れると表面が乾いて粉に戻ってしまいます。必ずふたをして乾燥を防ぎます。

9・その後ふたを取って200℃で20分焼きます。

10・焼き上がったら、すぐに型から出しておきます。

香ばしさと、
スライスした断面のツヤ、
光沢が特徴です。

パフ種のパン

材料　一斤分（ベーカーズ%）

【A】
- 米粉 ……………………… 300 g（100 %）
- パフ種（P19） ………… 30 g（10 %）
- 砂糖 ……………………… 9 g（3 %）
- 塩 ………………………… 3.6 g（1.2 %）

【B】
- 白神こだま酵母ドライ …… 6 g（2 %）
- 温水（35℃） …………… 264 g（88 %）
- ＊酵母は約5倍の温水（材料分から取り分ける）で溶かしておきます。

つくり方

1・【A】の材料を合わせてざるなどで2～3回ふるい、粉類をまんべんなく混ぜておきます。
＊2種類以上の粉類を使うときは、必ずふるいにかけましょう。均等に混ざり合うことで、生地の状態が安定します。また、粉の中に空気が入り込むことで、酵母の活性がさらによくなります。

2・あとはおかゆ種のプレーンパン（P21）と同様です。

米粉のりを使うと
生地の目が細かく、きれいに
焼き上がります。

米粉のり種のパン

材料　一斤分（ベーカーズ%）

【A】
- 米粉 ……………………… 300 g（100 %）
- 砂糖 ……………………… 9 g（3 %）
- 塩 ………………………… 3.6 g（1.2 %）

【B】
- 米粉のり種（P18） ……… 90 g（30 %）
- 白神こだま酵母ドライ …… 6 g（2 %）
- 温水 ……………………… 204 g（68 %）
- ＊酵母は約5倍の温水（材料分から取り分ける）で溶かしておきます。

つくり方

おかゆ種のかわりに米粉のりを使います。つくり方はおかゆ種のプレーンパン（P21）と同様です。

「白神こだま酵母ドライ」の使い方

●白神こだま酵母ドライは、粉量に対して2%を使います。

●酵母量の5倍の温水(35℃)を用意し(本書では材料表の温水分から取り分けます)、白神こだま酵母をふり入れて5分ほどそのままおきます。無理に溶かそうとすると固まって溶けにくくなります。

＊表面部分が乾いているようであれば、器をくるっと回して酵母全体に水分がかかるようにしてください。

●5分ほど経ったらスプーンなどで混ぜ、滑らかな状態にして使います。

ポイント

◯白神こだま酵母ドライは、乳化剤やビタミンCなどは添加されていません。生酵母を40℃弱の温風で乾燥させただけのものです。そのためあらかじめ酵母の約5倍の温水(35℃)でよく溶かすことにより、生酵母と同じ状態になります。

◯酵母を溶かす温度は年間を通して35℃を守ってください。低すぎると、焼き上がったパンは白神こだま酵母らしい華やかな香りが出にくく、40℃を超えると酵母が著しく損傷します。

ふっくら高く焼き上がる
もっともつくりやすい種の
コンビです。

やわらかプレーンパン
(パフ種&じゃがいも種)

材料　一斤分(ベーカーズ%)

【A】

米粉	300g	(100%)
パフ種(P19)	15g	(5%)
砂糖	9g	(3%)
塩	3.6g	(1.2%)

【B】

じゃがいも種(P19)	60g	(20%)
白神こだま酵母ドライ	6g	(2%)
温水(35℃)	246g	(82%)

＊酵母は約5倍の温水(材料分から取り分ける)で溶かしておきます。

つくり方

1・【A】の材料を合わせてざるなどで2〜3回ふるい、粉類をまんべんなく混ぜておきます。

2・【B】の材料を入れて、生クリームのようなつやが出るまでしっかり混ぜ合わせます。

3・あとはおかゆ種のプレーンパン(P21)と同様です。

生地に練り込んだレーズンと粒を残したレーズン。
そのダブルのおいしさが際立つ大人気の米パンです。

やわらかレーズンパン

材料　一斤分（ベーカーズ％）

【A】
- 米粉 ……………… 300g（100％）
- パフ種（P19）…… 15g　（5％）
- 砂糖 ………………… 9g　（3％）
- 塩 ………………… 3.6g（1.2％）

【B】
- じゃがいも種（P19）60g（20％）
- 白神こだま酵母ドライ 6g　（2％）
- 温水 ……………… 240g（80％）
- ＊酵母は約5倍の温水（材料分から取り分ける）で溶かしておきます。

レーズン …………120g（40％）

準備　レーズンはていねいに洗い、先入れ用（60g）は熱湯に15分漬け、キッチンペーパーで水分をとって粗みじんに切っておきます。後入れ用（60g）は洗ったあと熱湯に5分ほど漬けて、同様に水分をとっておきます。

つくり方

1・【A】の材料をまんべんなく混ぜておきます。

2・【B】の材料、先入れレーズンを入れ、生クリームのようなつやが出るまでしっかり混ぜ合わせます。

3・温めておいたケースに流し入れながら、間に後入れレーズンを散らし【写真a】、層になるようにします。柱（支える力）が弱いので、生地に混ぜ込まずに散らします。【写真b】

4・30～35℃、湿度85％で30～40分、発酵させます。

5・ケースにふたをして160℃で10分、200℃で20分、その後ふたを取って200℃で20分焼きます。

＊詳細は、おかゆ種のプレーンパン（P21）を参照。

a

b

玄米の香ばしさと、米パンのやわらかさがマッチした
素朴な味わいが魅力です。いつでもつくれる簡単ヘルシーパン！

やわらか玄米パン

材料　一斤分（ベーカーズ%）

【A】

米粉	240g	(80%)
玄米粉	60g	(20%)
パフ種（P19）	15g	(5%)
砂糖	9g	(3%)
塩	3.6g	(1.2%)

【B】

じゃがいも種（P19）	60g	(20%)
白神こだま酵母ドライ	6g	(2%)
温水	279g	(93%)

＊酵母は約5倍の温水（材料分から取り分ける）で溶かしておきます。

つくり方

1・【A】の材料をまんべんなく混ぜておきます。

2・【B】の材料を入れ、生クリームのようなつやが出るまでしっかり混ぜ合わせます。

3・温めておいたケースに流し入れます。

4・30〜35℃、湿度85%で30〜40分、発酵させます。

5・ケースにふたをして160℃で10分、200℃で20分、その後ふたを取って200℃で20分焼きます。

＊詳細は、おかゆ種のプレーンパン（P21）を参照。

黒ごまの香りが噛むほどに口の中で広がります。
軽くトーストすると、ごまの香りがいっそう楽しめます。

やわらかセサミパン

材料　一斤分（ベーカーズ％）

【A】

米粉	300g	（100％）
パフ種（P19）	15g	（5％）
砂糖	9g	（3％）
塩	4.2g	（1.4％）

【B】

じゃがいも種（P19）	60g	（20％）
白神こだま酵母ドライ	6g	（2％）
温水	252g	（84％）

＊酵母は約5倍の温水（材料分から取り分ける）で溶かしておきます。

黒ごま	18g	（6％）

つくり方

1・【A】の材料をまんべんなく混ぜておきます。

2・【B】の材料を入れ、生クリームのようなつやが出るまでしっかり混ぜ合わせ、黒ごまを入れて、なじむように混ぜ合わせます。

3・温めておいたケースに流し入れます。

4・30〜35℃、湿度85％で30〜40分、発酵させます。

5・ケースにふたをして160℃で10分、200℃で20分、その後ふたを取って200℃で20分焼きます。

＊詳細は、おかゆ種のプレーンパン（P21）を参照。

カットしたときの色鮮やかな紫色に、子どもも大喜び。
プレーンとセットでのサンドイッチもおすすめです。

やわらか紫いもパン

材料　一斤分（ベーカーズ%）

【A】

米粉	300g	(100%)
紫いもパウダー	15g	(5%)
パフ種（P19）	15g	(5%)
砂糖	9g	(3%)
塩	3.6g	(1.2%)

【B】

じゃがいも種（P19）	60g	(20%)
白神こだま酵母ドライ	6g	(2%)
温水	267g	(89%)

＊酵母は約5倍の温水（材料分から取り分ける）で溶かしておきます。

つくり方

1・【A】の材料をまんべんなく混ぜておきます。

2・【B】の材料を入れ、生クリームのようなつやが出るまでしっかり混ぜ合わせます。

3・温めておいたケースに流し入れます。

4・30～35℃、湿度85%で30～40分、発酵させます。

5・ケースにふたをして160℃で10分、200℃で20分、その後ふたを取って200℃で20分焼きます。

＊詳細は、おかゆ種のプレーンパン（P21）を参照。

米パンの焼きたてのカリカリ感と、あずきあんの組み合わせがたまりません。たっぷり入れて大きなあんロールにしました。

あんロール

材料　リング型1個分（ベーカーズ%）

【A】

米粉	150g	(100%)
パフ種（P19）	7.5g	(5%)
砂糖	4.5g	(3%)
塩	1.8g	(1.2%)

【B】

じゃがいも種（P19）	30g	(20%)
白神こだま酵母ドライ	3g	(2%)
温水	123g	(82%)

＊酵母は約5倍の温水（材料分から取り分ける）で溶かしておきます。

あずきあん……約200g

準備　あずきあんは常温に戻してポリ袋に入れます。角をはさみで切り、絞り袋のようにしておきます。

つくり方

1・【A】の材料をまんべんなく混ぜておきます。

2・【B】の材料を入れ、生クリームのようなつやが出るまでしっかり混ぜ合わせます。

3・温めておいたケースに生地の半量を流し入れ、あずきあんを絞り出して一周まんべんなく入れます。【写真a】

4・残りの半量の生地を上からかぶせるように入れます。【写真b】

5・30〜35℃、湿度85%で30〜40分、発酵させます。

6・空気に触れないようにアルミホイルなどでケースの上をきっちり覆い【写真c】、160℃で10分、200℃で20分、その後アルミホイルなどのふたを取って200℃で15分焼きます。

＊詳細は、おかゆ種のプレーンパン（P21）を参照。

a

b

c

栗甘露煮のほのかな甘みとココアの相性がぴったり。

マロンをかわいく飾って、リング型で焼き上げました。

マロンロール

材料　リング型1個分（ベーカーズ%）

【A】
- 米粉 ……………… 120g（100%）
- パフ種（P19）……… 6g　（5%）
- 砂糖 ……………… 3.6g　（3%）
- 塩 ………………… 1.4g（1.2%）

【B】
- じゃがいも種（P19）24g（20%）
- 白神こだま酵母ドライ 2.4g　（2%）
- 温水 ………… 98.4g（82%）
- ＊酵母は約5倍の温水（材料分から取り分ける）で溶かしておきます。

栗の寒露煮 ……… 60g（50%）
ココアパウダー ……適量

準備　栗の甘露煮は、あらかじめシロップを拭いて、適当な大きさに切っておきます。

つくり方

1・【A】の材料をまんべんなく混ぜておきます。

2・【B】の材料を入れ、生クリームのようなつやが出るまでしっかり混ぜ合わせます。

3・温めておいたケースの底に、薄切りにした栗を入れ、上から生地の半量を流し入れます。

4・栗の甘露煮を入れてココアパウダーを散らし【写真a】、残りの半量の生地を上からかぶせるように入れます。【写真b】

5・あとは、あんロール（P30）と同様です。

a

b

炊飯器で炊く

ふたを開けたときのツヤツヤした感じは、まるで炊き立ての
ごはんのようです。小さな気泡をしっかり包み込んだ、ふわふわパン。

毎日食べても飽きないシンプルなパン。ほんのりと感じる
じゃがいもの香りと、しっとり・ふわふわの食感が魅力です。

やわらかじゃがいも種パン

材料 3合炊き1釜分(ベーカーズ%)

【A】

米粉	200g	(100%)
パフ種(P19)	10g	(5%)
砂糖	6g	(3%)
塩	3.2g	(1.6%)

【B】

じゃがいも種 (P19)	40g	(20%)
白神こだま酵母ドライ	4g	(2%)
温水	166g	(83%)

＊酵母は約5倍の温水(材料分から取り分ける)で溶かしておきます。

つくり方

1・【A】の材料をまんべんなく混ぜておきます。均等に混ざり合うことで、生地の状態が安定します。また、粉の中に空気が入り込むことで、酵母の活性がさらによくなります。

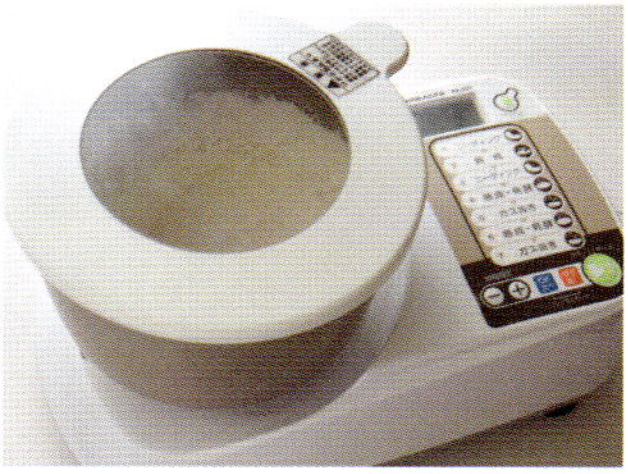

ニーダーを使用する場合、粉が飛び散るのを防ぐため、ふたをして粉類を混ぜます。

木べらで混ぜる場合は、必ずふるいにかけましょう。

2・【B】の材料を入れ、生クリームのようなつやが出るまでしっかり混ぜ合わせます。ニーダーなら5～6分、フードプロセッサーなら1分半くらいかけます。まわりについた生地も入れ込みます。生地に粒々が残っていても大丈夫です。

3・炊飯器の内釜をあらかじめ湯煎などで40℃ぐらいに温めておき、その中に生地を流し入れます。

4・お釜を発酵装置に入れ、30℃、湿度85％で30～40分、生地が約2倍にふくらむまで発酵させます。炊飯器の発酵機能は使いません。

5・炊飯器にセットし、早炊きコースを選択してスイッチオン。スイッチが切れたら、再度早炊きで炊飯スタートをして二度炊きするか、ベーカリー機能があれば20分ほど焼きます。

6・焼き上がったらすぐに釜から出しておきます。

さつまいもの甘みがしっかりと生きているさつまいも種パン。

鮮やかな黄色が印象的なかぼちゃ種パンです。

さつまいも種パン

かぼちゃ種パン

材料　3合炊き1釜分（ベーカーズ%）

【A】

米粉	200g	（100%）
パフ種（P19）	10g	（5%）
砂糖	6g	（3%）
塩	3.2g	（1.6%）

【B】

さつまいも種（またはかぼちゃ種）（P19）	40g	（20%）
白神こだま酵母ドライ	4g	（2%）
温水	170g	（85%）

＊酵母は約5倍の温水（材料分から取り分ける）で溶かしておきます。

さつまいも

かぼちゃ

つくり方

1・【A】の材料をまんべんなく混ぜておきます。

2・【B】の材料を入れ、生クリームのようなつやが出るまでしっかり混ぜ合わせます。

3・温めておいた内釜に流し入れます。

4・30℃、湿度85%で30〜40分、発酵させます。

5・炊飯器で二度炊きします。
＊詳細は、やわらかじゃがいも種パン（P33）を参照。

クセのないシンプルな長いも種のパン、れんこんの風味豊かなれんこん種のパン。どちらもふっくら焼き上がります。

長いも種パン

れんこん種パン

材料 3合炊き1釜分(ベーカーズ%)

【A】

米粉 ……………… 200g(100%)
パフ種(P19) ……10g (5%)
砂糖 ………………… 6g (3%)
塩 ………………… 3.2g(1.6%)

【B】

長いも種
(またはれんこん種)(P19)
…………………… 40g(20%)
白神こだま酵母ドライ 4g (2%)
温水 …………… 170g(85%)
＊酵母は約5倍の温水(材料分から取り分ける)で溶かしておきます。

つくり方

1・【A】の材料をまんべんなく混ぜておきます。

2・【B】の材料を入れ、生クリームのようなつやが出るまでしっかり混ぜ合わせます。

3・温めておいた内釜に流し入れます。

4・30℃、湿度85%で30〜40分、発酵させます。

5・炊飯器で二度炊きします。

＊詳細は、やわらかじゃがいも種パン(P33)を参照。

人気の雑穀を軽くゆでて生地に入れ込みました。粒々の雑穀が彩りを添え、食欲をそそります。のりの佃煮を添えてどうぞ。

雑穀パン

材料　3合炊き1釜分（ベーカーズ%）

【A】

米粉	200g	（100%）
パフ種（P19）	10g	（5%）
砂糖	6g	（3%）
塩	3.6g	（1.8%）

【B】

じゃがいも種（P19）	40g	（20%）
白神こだま酵母ドライ	4g	（2%）
温水	160g	（80%）

＊酵母は約5倍の温水（材料分から取り分ける）で溶かしておきます。

雑穀 …… 30g
（10分ゆでて水を切っておく）

準備　雑穀は10分ほどゆでてざるにあげ、水分を切っておきます。

つくり方

1・【A】の材料をまんべんなく混ぜておきます。

2・【B】の材料を入れ、生クリームのようなつやが出るまでしっかり混ぜ合わせます。

3・温めておいた内釜に流し入れます。

4・30℃、湿度85%で30～40分、発酵させます。

5・炊飯器で二度炊きします。

＊詳細は、やわらかじゃがいも種パン（P33）を参照。

香ばしい玄米粉と大豆入りのヘルシーパン。
大豆が大きいと生地がへこむので、半分にカットして使いましょう。

玄米と大豆のパン

材料 3合炊き1釜分（ベーカーズ%）

【A】

米粉	140g	（70%）
玄米粉	60g	（30%）
パフ種（P19）	10g	（10%）
砂糖	6g	（3%）
塩	3.2g	（1.6%）

【B】

じゃがいも種（P19）	40g	（20%）
白神こだま酵母ドライ	4g	（2%）
温水	220g	（110%）

＊酵母は約5倍の温水（材料分から取り分ける）で溶かしておきます。

大豆	40g	（20%）

準備 大豆は2つに割っておきます。

つくり方

1・【A】の材料をまんべんなく混ぜておきます。

2・【B】の材料を入れ、生クリームのようなつやが出るまでしっかり混ぜ合わせます。

3・生地ができたら大豆を入れて、なじむように混ぜ合わせます。フードプロセッサーの場合、大豆を入れて2〜3秒回します。

4・温めておいた内釜に流し入れます。

5・30℃、湿度85%で30〜40分、発酵させます。

6・炊飯器で二度炊きします。
＊詳細は、やわらかじゃがいも種パン（P33）を参照。

お総菜の定番、ひじきの煮物を加えたおかずパン。
ごはんとおかずを一緒に食べているような感じです。

ひじきパン

材料 3合炊き1釜分(ベーカーズ%)

【A】

米粉	200g	(100%)
パフ種(P19)	10g	(5%)
砂糖	6g	(3%)
塩	3.2g	(1.6%)

【B】

じゃがいも種(P19)	40g	(20%)
白神こだま酵母ドライ	4g	(2%)
温水(ひじきのだし汁と合わせて)	160g	(80%)

＊酵母は約5倍の温水(材料分から取り分ける)で溶かしておきます。

ひじきの煮物	60g	(30%)

準備 ひじきの煮物は一度しっかりと水分を搾っておきます。だし汁(約40g)も水分として使います。

つくり方

1・【A】の材料をまんべんなく混ぜておきます。

2・【B】の材料を入れ、生クリームのようなつやが出るまでしっかり混ぜ合わせます。

3・生地ができたらひじきの煮物を入れて、なじむように混ぜ合わせます。フードプロセッサーの場合、ひじきを入れて2〜3秒回します。

4・温めておいた内釜に流し入れます。

5・30℃、湿度85%で30〜40分、発酵させます。

6・炊飯器で二度炊きします。

＊詳細は、やわらかじゃがいも種パン(P33)を参照。

具だくさんでボリューム満点。
具材とお米の相性も
バッチリです。

材料　3合炊き1釜分（ベーカーズ%）

【A】

米粉	200g	(100%)
パフ種（P19）	10g	(5%)
砂糖	6g	(3%)
塩	4g	(2%)

【B】

じゃがいも種（P19）	40g	(20%)
白神こだま酵母ドライ	4g	(2%)
温水	160g	(80%)
＊酵母は約5倍の温水（材料分から取り分ける）で溶かしておきます。		
ツナ	30g	(15%)
コーン	30g	(15%)

旬のきのこをたくさん入れて
焼きました。お好みのきのこを
お好みの味つけでお楽しみください。

きのこパン

材料　3合炊き1釜分（ベーカーズ%）

【A】

米粉	200g	(100%)
パフ種（P19）	10g	(5%)
砂糖	6g	(3%)
塩	4g	(2%)

【B】

じゃがいも種（P19）	40g	(20%)
白神こだま酵母ドライ	4g	(2%)
温水	150g	(75%)
＊酵母は約5倍の温水（材料分から取り分ける）で溶かしておきます。		
しょうゆ	10g	(5%)
きのこ	60g	(30%)

準備　お好みのきのこを1～2センチくらいに切り、軽く炒めてしょうゆ（分量外）などで下味をつけておきます。

つくり方

1・【A】の材料をまんべんなく混ぜておきます。

2・【B】の材料を入れ、生クリームのようなつやが出るまでしっかり混ぜ合わせます。

3・生地ができたら炒めたきのこを入れて、なじむように混ぜ合わせます。フードプロセッサーの場合、きのこを入れて2～3秒回します。

4・温めておいた内釜に流し入れます。

5・30℃、湿度85%で30～40分、発酵させます。

6・炊飯器で二度炊きします。

＊詳細は、やわらかじゃがいも種パン（P33）を参照。

レンズ豆と
トマトの風味が生きた
リゾットのようなパン。

イタリアンブレッド

材料　3合炊き1釜分（ベーカーズ%）

【A】

米粉	200g	（100%）
パフ種（P19）	10g	（5%）
砂糖	6g	（3%）
ハーブ入りソルト	3g	（1.5%）
ドライパセリ	大さじ1	

【B】

じゃがいも種（P19）	40g	（20%）
白神こだま酵母ドライ	4g	（2%）
温水	70g	（35%）
＊酵母は約5倍の温水（材料分から取り分ける）で溶かしておきます。		
トマトジュース	100g	（50%）
レンズ豆	30g	（15%）

準備　レンズ豆は5分ほどゆでて水分をしっかり切っておきます。

つくり方

1・【A】の材料をまんべんなく混ぜておきます。

2・【B】の材料を入れ、生クリームのようなつやが出るまでしっかり混ぜ合わせます。

3・生地ができたらレンズ豆を入れて、なじむように混ぜ合わせます。フードプロセッサーの場合、レンズ豆を入れて2～3秒回します。

4・温めておいた内釜に流し入れます。

5・30℃、湿度85%で30～40分、発酵させます。

6・炊飯器で二度炊きします。

＊詳細は、やわらかじゃがいも種パン（P33）を参照。

ツナ・コーンブレッド

準備　ツナは水分をきっておきます。コーンは余分な水分をきり、クッキングペーパーなどでしっかり水分を取り除きます。

a

つくり方

1・【A】の材料をまんべんなく混ぜておきます。

2・【B】の材料を入れ、生クリームのようなつやが出るまでしっかり混ぜ合わせます。

3・生地ができたらツナとコーンを飾り用に少し残して入れ、なじむように混ぜ合わせます。フードプロセッサーの場合、ツナとコーンを入れて2～3秒回します。

4・温めておいた内釜に流し入れ、飾り用のツナとコーンを散らします。【写真a】

5・30℃、湿度85%で30～40分、発酵させます。

6・炊飯器で二度炊きします。

＊詳細は、やわらかじゃがいも種パン（P33）を参照。

和菓子の定番ですが、米のパンにすれば、
ほのかな甘みと抹茶の香りがいっそう引き立ちます。

抹茶大納言パン

材料 3合炊き1釜分（ベーカーズ%）

【A】

米粉	200g	(100%)
パフ種（P19）	10g	(5%)
抹茶	4g	(2%)
砂糖	20g	(10%)
塩	2g	(1%)

【B】

じゃがいも種（P19）	40g	(20%)
白神こだま酵母ドライ	4g	(2%)
温水	166g	(83%)

＊酵母は約5倍の温水（材料分から取り分ける）で溶かしておきます。

大納言甘納豆	30g	(15%)

つくり方

1・【A】の材料をまんべんなく混ぜておきます。

2・【B】の材料を入れ、生クリームのようなつやが出るまでしっかり混ぜ合わせます。

3・温めておいた内釜に生地を2～3回に分けて流し入れ、その間に大納言甘納豆を散らして重ねます。表面にも飾ります。

4・30℃、湿度85%で30～40分、発酵させます。

5・炊飯器で二度炊きします。
＊詳細は、やわらかじゃがいも種パン（P33）を参照。

黒蜜の濃厚な風味ときなこの相性がぴったり。

たくさん食べても飽きのこない味わいです。ぜひ、お試しください。

黒蜜きなこパン

材料　3合炊き1釜分（ベーカーズ%）

【A】

米粉	200g	（100%）
パフ種（P19）	10g	（5%）
きなこ	40g	（20%）
塩	1g	（0.5%）

【B】

じゃがいも種（P19）	40g	（20%）
白神こだま酵母ドライ	4g	（2%）
温水	160g	（80%）
＊酵母は約5倍の温水（材料分から取り分ける）で溶かしておきます。		
黒蜜	60g	（30%）

つくり方

1・【A】の材料をまんべんなく混ぜておきます。

2・【B】の材料を入れ、生クリームのようなつやが出るまでしっかり混ぜ合わせます。

3・温めておいた内釜に流し入れます。

4・30℃、湿度85%で30〜40分、発酵させます。

5・炊飯器で二度炊きします。

6・最後にお好みできな粉をふりかけます。
＊詳細は、やわらかじゃがいも種パン（P33）を参照。

人気のオレンジブレッドがそのままのおいしさでお米のパンになりました。オレンジブレッドファンにはたまりません。

オレンジブレッド

材料 3合炊き1釜分（ベーカーズ%）

【A】

米粉	200g	(100%)
パフ種（P19）	10g	(5%)
砂糖	6g	(3%)
塩	2.4g	(1.2%)

【B】

じゃがいも種（P19）	40g	(20%)
白神こだま酵母ドライ	4g	(2%)
温水	156g	(78%)
＊酵母は約5倍の温水（材料分から取り分ける）で溶かしておきます。		
オレンジピール	60g	(30%)

準備 オレンジピールは細かく刻んでおきます。

つくり方

1・【A】の材料をまんべんなく混ぜておきます。

2・【B】の材料を入れ、生クリームのようなつやが出るまでしっかり混ぜ合わせます。

3・温めておいた内釜に流し入れます。

4・30℃、湿度85%で30〜40分、発酵させます。

5・炊飯器で二度炊きします。

＊詳細は、やわらかじゃがいも種パン（P33）を参照。

レーズンの甘酸っぱさが噛むほどに広がり、
黒糖の自然な風味とレーズンの酸味のハーモニーが楽しめます。

黒糖レーズンパン

材料　3合炊き1釜分（ベーカーズ％）

【A】

米粉	200g	(100％)
パフ種（P19）	10g	(5％)
黒糖	30g	(15％)
塩	1g	(0.5％)

【B】

じゃがいも種（P19）	40g	(20％)
白神こだま酵母ドライ	4g	(2％)
温水	160g	(80％)

＊酵母は約5倍の温水（材料分から取り分ける）で溶かしておきます。

レーズン	40g	(20％)

準備　レーズンはきれいに洗って熱湯に5分浸し、水分をしっかり切り、キッチンペーパーで水分をとっておきます。

つくり方

1・【A】の材料をまんべんなく混ぜておきます。

2・【B】の材料を入れ、生クリームのようなつやが出るまでしっかり混ぜ合わせます。

3・生地ができたら、飾り用に少し残してレーズンを入れ、なじませるように混ぜます。フードプロセッサーの場合、レーズンを入れてから2～3秒回します。

4・温めておいた内釜に流し入れ、飾り用のレーズンを散らします。

5・30℃、湿度85％で30～40分、発酵させます。

6・炊飯器で二度炊きします。

＊詳細は、やわらかじゃがいも種パン（P33）を参照。

バターを少し入れてみました。メープルの品の良い甘さと香り、
バターの風味が絶妙です。りんごを飾ってアクセントにして。

メープルアップル

材料　3合炊き1釜分（ベーカーズ%）

【A】

米粉	200g	（100%）
パフ種（P19）	10g	（5%）
塩	1g	（0.5%）

【B】

じゃがいも種（P19）	40g	（20%）
白神こだま酵母ドライ	4g	（2%）
温水	110g	（55%）

＊酵母は約5倍の温水（材料分から取り分ける）で溶かしておきます。

メープルシロップ	60g	（30%）
バター	20g	（10%）
りんご	150g	
メープルシロップ	50g	

準備　りんごを2㎜厚さにいちょう切りにし、メープルシロップで煮詰めます。粗熱がとれたら軽く搾り、残ったシロップを水分に加えます。バターは常温に戻しておきます。

つくり方

1・【A】の材料をまんべんなく混ぜておきます。

2・【B】の材料を入れ、生クリームのようなつやが出るまでしっかり混ぜ合わせます。

3・生地ができたら、飾り用に少し残して煮たりんごを入れ、なじませるように混ぜます。フードプロセッサーの場合、りんごを入れてから2〜3秒回します。

4・温めておいた内釜に流し入れ、飾り用のりんごを散らします。

5・30℃、湿度85%で30〜40分、発酵させます。

6・炊飯器で二度炊きします。

＊詳細は、やわらかじゃがいも種パン（P33）を参照。

かぼちゃの季節におすすめのパン。生地に練り込んだプルーンが、
かぼちゃの風味をいっそう引き立てます。

スイートパンプキン

材料　3合炊き1釜分（ベーカーズ%）

【A】

米粉	200g	(100%)
パフ種(P19)	10g	(5%)
砂糖	30g	(15%)
塩	1g	(0.5%)

【B】

じゃがいも種(P19)	40g	(20%)
白神こだま酵母ドライ	4g	(2%)
温水	160g	(80%)
＊酵母は約5倍の温水（材料分から取り分ける）で溶かしておきます。		
バター	20g	(10%)
ドライプルーン	50g	

準備　ドライプルーンはきれいに洗って水分をきり、1センチ角くらいに切っておきます。
バターは常温に戻しておきます。

つくり方

1・【A】の材料をまんべんなく混ぜておきます。

2・【B】の材料を入れ、生クリームのようなつやが出るまでしっかり混ぜ合わせます。

3・生地ができたら、飾り用に少し残してプルーンを入れ、なじませるように混ぜます。フードプロセッサーの場合、プルーンを入れてから2〜3秒回します。

4・温めておいた内釜に流し入れ、飾り用のプルーンを散らします。

5・30℃、湿度85%で30〜40分、発酵させます。

6・炊飯器で二度炊きします。

＊詳細は、やわらかじゃがいも種パン（P33）を参照。

フライパンでつくる

フライパンを使えば、手軽に米パンが楽しめます。米粉でスナック菓子やパイ風のお菓子も！　バリエーションがますます広がります。

米粉パンだからこそ具を選びません。手巻き寿司ならぬ
手巻きパンとして、ホームパーティーでも活躍します。

ラップパン（プレーン）

材料　4枚分（ベーカーズ%）

【A】

米粉	200g	(100%)
パフ種（P19）	10g	(5%)
砂糖	6g	(3%)
塩	2.4g	(1.2%)

【B】

じゃがいも種（P19）	20g	(10%)
白神こだま酵母ドライ	4g	(2%)
温水	200g	(100%)

＊酵母は約5倍の温水（材料分から取り分ける）で溶かしておきます。

つくり方

1・【A】の材料をまんべんなく混ぜておきます。

2・【B】の材料を入れ、生クリームのようなつやが出るまでしっかり混ぜ合わせます。

3・30℃で10分おきます。

4・フライパンに生地を流し入れて丸く形を整え、ふたをして弱火で焼きます。

5・5分ほどして表面にプクプク穴が空いてきたら

裏返して3～4分焼きます。

＊次々に焼きますが、熱したフライパンは必ず一度冷やしてから使ってください。熱いフライパンに生地を乗せると、酵母が働くまもなく焼きかたまってしまいます。

＊すぐに食べないときは、オーブンペーパーなどを挟んで重ね、ポリ袋に入れて保存します。くっつかず、またかたくならずに保存できます。かたくなったら、電子レンジにかけるとやわらかくなります。

＊生地づくりの詳細は、おかゆ種のプレーンパン（P21）を参照。

香ばしさとヘルシーさが魅力。ややもっちりとした食感で、
素材をしっかりと包み込んでくれます。

ラップパン（玄米）

材料　4枚分（ベーカーズ％）

【A】

米粉	160g	（80％）
玄米粉	40g	（20％）
パフ種（P19）	10g	（5％）
砂糖	6g	（3％）
塩	2.4g	（1.2％）

【B】

じゃがいも種（P19）	20g	（10％）
白神こだま酵母ドライ	4g	（2％）
温水	190g	（95％）

＊酵母は約5倍の温水（材料分から取り分ける）で溶かしておきます。

つくり方

1・【A】の材料をまんべんなく混ぜておきます。

2・【B】の材料を入れ、生クリームのようなつやが出るまでしっかり混ぜ合わせます。

3・30℃で10分おきます。

4・フライパンに生地を流し入れて丸く形を整え、ふたをして弱火で5分ほど焼き、裏返して3～4分焼きます。

＊詳細は、ラップパン・プレーン（P49）を参照。

色がかわいいキャロットのラップパンです。
にんじん嫌いなお子さんも、たくさん食べてくれそうですね。

ラップパン（キャロット）

材料　4枚分（ベーカーズ％）

【A】

米粉	200g	(100%)
にんじんパウダー	6g	(3%)
パフ種（P19）	10g	(5%)
砂糖	6g	(3%)
塩	2.4g	(1.2%)

【B】

じゃがいも種（P19）	20g	(10%)
白神こだま酵母ドライ	4g	(2%)
温水	220g	(110%)

＊酵母は約5倍の温水（材料分から取り分ける）で溶かしておきます。

つくり方

1・【A】の材料をまんべんなく混ぜておきます。

2・【B】の材料を入れ、生クリームのようなつやが出るまでしっかり混ぜ合わせます。

3・30℃で10分おきます。

4・フライパンに生地を流し入れて丸く形を整え、ふたをして弱火で5分ほど焼き、裏返して3〜4分焼きます。

＊詳細は、ラップパン・プレーン（P49）を参照。

じゃがいも種のシンプルなプレーン生地、れんこん種の
ややもっちりとした生地、それぞれの魅力を楽しみましょう。

ピザ生地（プレーン・れんこん）

材料 3枚分（ベーカーズ%）

【A】

米粉	200g	(100%)
パフ種（P19）	10g	(5%)
砂糖	2g	(1%)
塩	3g	(1.5%)

【B】

じゃがいも種またはれんこん種（P19）	20g	(10%)
白神こだま酵母ドライ	2g	(1%)
温水	176g	(88%)

＊酵母は約5倍の温水（材料分から取り分ける）で溶かしておきます。

つくり方

1・【A】の材料をまんべんなく混ぜておきます。

2・【B】の材料を入れ、生クリームのようなつやが出るまでしっかり混ぜ合わせます。

3・30℃で10分おきます。

4・フライパンに生地を流し入れて丸く形を整え、ふたをして弱火で5分ほど焼き、裏返して3〜4分焼きます。

＊詳細は、ラップパン・プレーン（P49）を参照。

【ピザのトッピング】

フライパンで焼いた生地にチーズや野菜などお好みの具を載せ、220℃に温めたオーブンで10分ほど、チーズが溶けてかりっとするまで焼いてください。

少し時間がかかりますが、パリパリに焼き上げてください。
丸く小さく焼いてオードブルにしても楽しいです。

タコス風スナック

材料　3枚分（ベーカーズ%）

【A】

米粉	150g	(100%)
パフ種（P19）	10g	(5%)
砂糖	2g	(1%)
塩	2g	(1%)

【B】

白神こだま酵母ドライ	2g	(1%)
温水	126g	(63%)

＊酵母は約5倍の温水（材料分から取り分ける）で溶かしておきます。

つくり方

1・フライパンで生地を焼くまでは、ピザ生地（P52）と同様です。できるだけ薄めに焼いてください。

2・コーヒーの空き缶などに乗せて【写真a】、220℃のオーブンで20分、160℃で10分パリッとするまで焼きます。あらかじめ缶をアルミホイルで包み、オーブンペーパーなどを敷いてから生地を乗せると、焼き上がったあとにはがれやすくなります。

a

後を引く味わいです。黒糖入りきな粉をかけたり、
ガーリックソルトの塩味などのバリエーションも楽しんで。

パリパリシナモン

材料　2〜3人分（ベーカーズ%）

【A】

米粉	150g	(100%)
パフ種（P19）	15g	(10%)
砂糖	6g	(4%)
塩	3g	(2%)
水	123g	(82%)
揚げ油	適量	
シナモンシュガー	適量	

つくり方

a

1・【A】の材料をまんべんなく混ぜておきます。

2・水を加え、生地がやわらかくなるまでよくこねます。【写真a】

3・オーブンペーパーで生地をはさみ2〜3ミリの厚さに伸ばします。

4・蒸し器で5分蒸します。

5・パイカッターで、お好みの大きさに切り分けます。

6・150℃に熱した油で色づくまで揚げたら一度引き上げ、170℃の油でパリッとなるまで1〜2分揚げます。

7・お好みでシナモンシュガーやきな粉・ハーブ入りソルトなどをかけていただきます。

ファーストフード店のアップルパイみたい!?　カリッと揚げると
いっそうおいしく仕上がります。いろいろな果物でどうぞ。

アップルパイ

材料　4個分（ベーカーズ%）

【A】

米粉	200g	(100%)
パフ種（P19）	20g	(10%)
塩	2g	(1%)
水	170g	(85%)
揚げ油	適量	
りんご	適量	

準備　りんごは薄切りにし、お好みの甘さに煮ておきます。

c

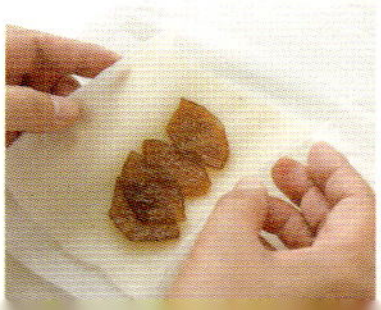

d

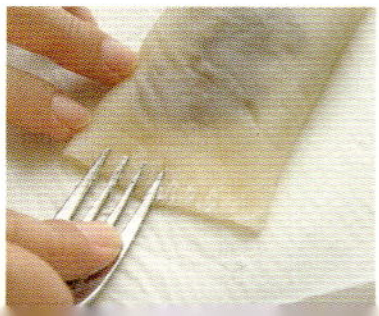

つくり方

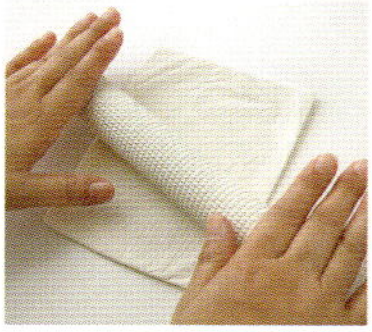

b

1・生地のつくり方は、パリパリシナモンと同様です。
2・生地を4個に分割して丸め、12㎝×15㎝に折り込んだオーブンペーパーのなかで平らに伸ばします。【写真b】
3・そのまま蒸し器で5分蒸します。
4・蒸し上がった生地の真ん中にりんごを置き【写真c】、両端から包み込むように三ツ折にして水をつけて閉じます。
5・米粉をまぶしたフォークで押さえながらしっかり閉じていきます。【写真d】
6・150℃に熱した油で色づくまで揚げたら一度引き上げ、170℃の油で2〜3分、かりっと揚げます。

パリパリシナモン

アップルパイ

蒸す

蒸すことで、モチモチの米粉ならではの風味が際立ちます。
耐熱の器にケースを入れ、生地を流し入れて蒸し上げます。

季節の野菜を使って、ほっくりやわらかな蒸しパンに。
甘さ控えめだからこそ、野菜の味が生きています。

野菜の蒸しパン

材料 5個分(ベーカーズ%)

【A】
- 米粉 …………… 200g(100%)
- パフ種(P19) … 10g (5%)
- 砂糖 ………………… 6g (3%)
- 塩 ………………… 2.4g(1.2%)

【B】
- じゃがいも種(P19) ………………… 40g (20%)
- 白神こだま酵母ドライ ……………………… 4g (2%)
- 温水 …………… 150g (75%)
- ＊酵母は約5倍の温水(材料分から取り分ける)で溶かしておきます。

さつまいも ……… 適量
かぼちゃ ………… 適量

準備 さつまいもとかぼちゃは、お好みの大きさに切って2〜3分蒸しておきます。

つくり方

1・【A】の材料をまんべんなく混ぜておきます。

2・【B】の材料を入れ、生クリームのようなつやが出るまでしっかり混ぜ合わせます。

3・耐熱の器にケースを入れ、その半分くらいまで生地を入れます。さつまいもとかぼちゃをそれぞれに加え、さらに生地を乗せ、その上にもさつまいもやかぼちゃを飾ります。

4・35℃、湿度85〜90%で30分発酵させます。

5・沸騰させた蒸し器の火をいったん止めてからケースを入れ、中火で約10分蒸します。

＊温かいうちにケースから外しておきます(冷めると外れにくくなります)。

＊生地づくりの詳細はおかゆ種のプレーンパン(P21)を参照。

ひとつの生地を使い分けて簡単にできるかわいい動物パンです。
顔の飾りつけは、ぜひお子さんと一緒に楽しみながら。

動物蒸しパン　2種

材料　4個分（ベーカーズ％）

【A】

米粉	200g	（100％）
パフ種（P19）	10g	（5％）
砂糖	16g	（8％）
塩	1g	（1％）

【B】

じゃがいも種（P19）	40g	（20％）
白神こだま酵母ドライ	4g	（2％）
温水	150g	（75％）

＊酵母は約5倍の温水（材料分から取り分ける）で溶かしておきます。

ココア …2g（米粉に対して2％）

a

b

つくり方

1・【A】の材料をまんべんなく混ぜておきます。

2・【B】の材料を入れ、生クリームのようなつやが出るまでしっかり混ぜ合わせます。

3・生地の半分を取り分け、ココアパウダーを入れてさらに滑らかになるまで混ぜます。

4・耐熱の器にケースを入れ、それぞれの生地を入れます。その際、耳をつくるための生地を残しておきます。それぞれに米粉適量を加えながら白玉くらいのかたさにまとめ【写真a】、乾かないようにラップなどで包んでおきます。

5・35℃、湿度85～90％で30分発酵させます。

6・発酵したら、ココア生地の耳と鼻を白い生地に乗せて、白い耳はココア生地に乗せて豆で目をつくります。【写真b】

7・沸騰させた蒸し器の火をいったん止めてから生地を入れ、中火で約10分蒸します。温かいうちにケースから外しておきます。

＊生地づくりの詳細はおかゆ種のプレーンパン（P21）を参照。

砂糖を使わずにはちみつの甘さをそのまま生かし、
くるみの香ばしさを引き出しました。飽きのこないおいしさです。

ハニーナッツ

材料　5個分（ベーカーズ%）

【A】

米粉	200g	（100%）
パフ種（P19）	10g	（5%）
塩	1g	（0.5%）

【B】

じゃがいも種（P19）	40g	（20%）
白神こだま酵母ドライ	4g	（2%）
温水	120g	（60%）
＊酵母は約5倍の温水（材料分から取り分ける）で溶かしておきます。		
はちみつ	60g	（30%）
くるみ	40g	（20%）

準備　くるみは180℃に温めたオーブンで8分ほどこんがり香りが出るまでローストし【写真a】、ざるにこすり付けて渋皮をざっと除きます。【写真b】先入れ用は小さめに、飾り用は少し大きめに割っておきます。

つくり方

1・【A】の材料をまんべんなく混ぜておきます。

2・【B】の材料を入れ、生クリームのようなつやが出るまでしっかり混ぜ合わせます。先入れ用のくるみも加えてよく混ぜます。

3・耐熱の器にケースを入れ、その中に生地を入れて最後にくるみを飾ります。

4・35℃、湿度85～90%で30分発酵させます。

5・沸騰させた蒸し器の火をいったん止めてから生地を入れ、中火で約10分蒸します。温かいうちにケースから外しておきます。

＊生地づくりの詳細はおかゆ種のプレーンパン（P21）を参照。

a

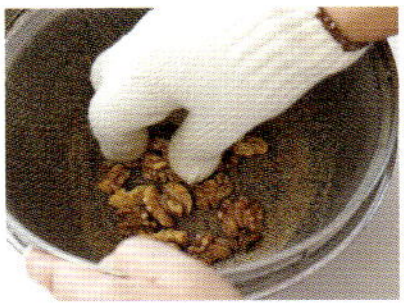

b

よもぎの香りが
ふわっと口に広がります。
プレーンな白生地でも！

よもぎあんまん

材料　5個分（ベーカーズ％）

【A】

米粉	200g	(100%)
パフ種（P19）	10g	(5%)
乾燥よもぎ（粉末）	6g	(3%)
砂糖	10g	(5%)
塩	1g	(1%)

【B】

じゃがいも種（P19）	40g	(20%)
白神こだま酵母ドライ	4g	(2%)
温水	170g	(85%)

＊酵母は約5倍の温水（材料分から取り分ける）で溶かしておきます。

あずきあん　75g

つくり方

1・【A】の材料をまんべんなく混ぜておきます。

2・【B】の材料を入れ、生クリームのようなつやが出るまでしっかり混ぜ合わせます。

3・耐熱の器にケースを入れ、その中に生地の半量を入れてあんを乗せ、残りの生地を加えます。温度35℃、湿度85〜90％で30分発酵させます。

4・沸騰した蒸し器の火をいったん止めてから生地を入れて、中火で5分、弱火で10分蒸します。温かいうちにケースから外しておきます。

＊生地づくりの詳細はおかゆ種のプレーンパン（P21）を参照。

味噌風味で甘辛にしたり、
にらを入れたり、季節の味を加えて
お楽しみください。

肉まん

材料　5個分（ベーカーズ%）

【A】

米粉	200g	(100%)
パフ種（P19）	10g	(5%)
砂糖	6g	(3%)
塩	1g	(1%)

【B】

じゃがいも種（P19）	40g	(20%)
白神こだま酵母ドライ	4g	(2%)
温水	160g	(80%)

＊酵母は約5倍の温水（材料分から取り分ける）で溶かしておきます。

肉まんの具 ……………… 適量（お好みで）

準備　材料を混ぜ合わせておきます。

つくり方

1・【A】の材料をまんべんなく混ぜておきます。

2・【B】の材料を入れ、生クリームのようなつやが出るまでしっかり混ぜ合わせます。

3・耐熱の器にケースを入れ、その中に生地の半量を入れて具を乗せ、残りの生地を加えます。

4・あとは、よもぎあんと同様です。

国産小麦とごはんでつくる

炊いたごはんに小麦粉を混ぜたら、ごはんとパンの風味が
ひとつになった口当たりも楽しいパンが生まれました。

ごはん粒入りのパン。噛むほどにお米の甘みが口の中に広がって、
「ごはん効果」でパンがいっそうやわらかくなります。

ごはん入りのプレーンパン

材料　一斤分（ベーカーズ％）

【A】

国産強力粉 …… 200g（100％）
砂糖 ……………… 4g　（2％）
塩 ……………… 3.2g（1.6％）

【B】

ごはん ……………80g（40％）
白神こだま酵母ドライ 4g　（2％）
温水 …………… 130g（65％）
＊酵母は約5倍の温水（材料分から取り分ける）で溶かしておきます。

小麦粉でつくるパンの吸水は、夏場は低めに。酵母溶解用は年間を通して35℃の温水を使います。

つくり方

1・【A】の材料をまんべんなく混ぜておきます。粉の中に空気が入り込むことで、酵母の活性がさらによくなります。

2・【B】の材料を入れて生地をひとまとめにします。まわりについている粉類も、ドレッジなどで取り、生地にまとめます。

3・乾かないようにして10分おきます。生地を休ませることで小麦粉が吸水し、なめらかでこねやすい生地になり、酵母も活性化されます。

4・台に出してこすりつけるように5分ほどこねます。

5・生地をきれいに丸めます。

6・乾かないようにふたをして30℃、湿度85％で約50分、一次発酵させます。

7・約2倍にふくらんだら、フィンガーテストをします。人差し指に小麦粉をつけて生地に指を差し込み、すぐに抜きます。穴の形がきれいに残っていれば発酵完了です。すぐにきゅっと戻ったら、もう少し発酵させます。逆に穴が崩れるようになったら過発酵です。

8・生地を2つに分割してガスを抜きます。

9・軽く伸ばしながら、表面が外側になるように2ツ折にします。

10・とじ目を下にしてまとめます。

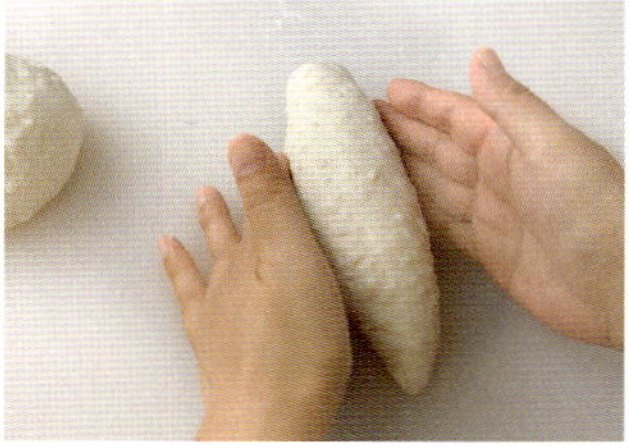

11・手前に引いて、表面が張るようになまこ型に丸めます。

12・15分ベンチタイムをとります。

13・麺棒を中心から上下に伸ばしながら軽くガスをぬきます。

14・生地を裏返して下から1／3を折り、上からも1／3折り重ねます。

15・さらに半分に折ります。

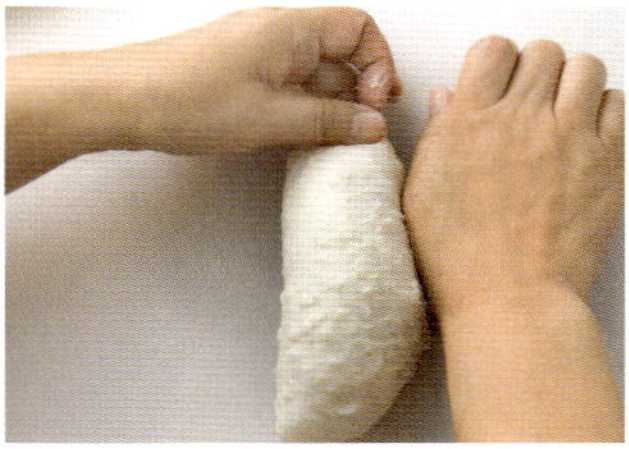

16・とじ目をしっかり閉じ、オーブンシートに並べ、30℃、湿度85％で50～60分、二次発酵させます。

17・クープを入れ、200℃に熱したオーブンに入れ、180℃で20分焼きます。

お好みの具をはさんで食べてください。
鶏肉のつくねをサンドした、和風ハンバーガーもおすすめ！

セサミバンズ

材料 5個分（ベーカーズ％）

【A】

国産強力粉	200g	(100％)
白ごま	16g	(8％)
砂糖	4g	(2％)
塩	3.2g	(1.6％)

【B】

ごはん	80g	(40％)
白神こだま酵母ドライ	4g	(2％)
温水	140g	(70％)

＊酵母は約5倍の温水（材料分から取り分ける）で溶かしておきます。

つくり方

1・【A】の材料をまんべんなく混ぜておきます。
2・【B】の材料を入れて生地をひとまとめにします。
3・一次発酵までは、ごはん入りのプレーンパン（P63）と同様です。
4・80gを目安に5つに分割し、丸めて【写真a】15分ベンチタイムをとります。【写真b】
5・丸め直して裏のとじ目を閉じます。【写真c】
6・オーブンペーパーの上に置き、バーガーの形になるように上から麺棒で押さえて平らにします。【写真d】30℃、湿度85％で50～60分、二次発酵させます。
7・200℃に熱したオーブンで18分ほど焼きます。

a

b

c

d

全粒粉の風味と、ごはんの甘みのマッチングが新鮮。
素材の旨味を引き立てます。

コンプレバンズ

材料　5個分（ベーカーズ%）

【A】

国産強力粉	140g	（70%）
国産全粒粉	60g	（30%）
砂糖	4g	（2%）
塩	3.2g	（1.6%）

【B】

ごはん	80g	（40%）
白神こだま酵母ドライ	4g	（2%）
温水	126g	（63%）

＊酵母は約5倍の温水（材料分から取り分ける）で溶かしておきます。

つくり方

1・【A】の材料をまんべんなく混ぜておきます。

2・【B】の材料を入れて生地をひとまとめにします。

3・一次発酵までは、ごはん入りのプレーンパン（P63）と同様です。

4・あとは、セサミバンズ（P66）と同様です。

玄米のみのおにぎりよりも食べやすい「玄米おにぎりパン」。
玄米ごはんのプチプチした食感がポイントです。

玄米おにぎりパン

材料 5個分（ベーカーズ％）

【A】

国産強力粉	160g	（80％）
玄米粉	40g	（20％）
砂糖	4g	（2％）
塩	3.2g	（1.6％）

【B】

玄米ごはん	60g	（30％）
白神こだま酵母ドライ	4g	（2％）
温水	170g	（85％）

＊酵母は約5倍の温水（材料分から取り分ける）で溶かしておきます。

玄米おにぎりパン

つくり方

1・【A】の材料をまんべんなく混ぜておきます。

2・【B】の材料を入れて生地をひとまとめにします。

3・一次発酵までは、ごはん入りのプレーンパン（P63）と同様です。

4・80gを目安に5つに分割し、丸めて15分ベンチタイムをとります。

5・台に出して丸く麺棒をかけ、生地を裏返します。三方から三角になるように中心へ折って生地を集めます。

オーブンペーパーの上に、とじ目を下にして置き、30℃、湿度85％で50〜60分、二次発酵させます。

6・200℃に熱したオーブンで18分ほど焼きます。

7・焼き上がったら刷毛でしょうゆを塗り、のりを巻きます。

噛めば噛むほど塩気のあるじゃこの風味が広がり、
何度もかじりたくなる人気パンです。

じゃこおにぎりパン

材料 5個分（ベーカーズ％）

【A】

国産強力粉	200g	(100％)
砂糖	4g	(2％)
塩	2.4g	(1.2％)

【B】

ごはん	80g	(40％)
白神こだま酵母ドライ	4g	(2％)
温水	130g	(65％)

＊酵母は約5倍の温水（材料分から取り分ける）で溶かしておきます。

じゃこ	20g	(10％)

つくり方

1・【A】の材料をまんべんなく混ぜておきます。

2・【B】の材料を入れて生地をひとまとめにします。じゃこは2～3回に分けて加えます。

3・あとは、焼き上がりまで玄米おにぎりパン（P68）と同様です。

じゃこおにぎりパン

国産小麦と上新粉でつくる

粒子の粗い上新粉も使い方次第でおいしいパンに。
家庭にある材料で思い立ったらすぐにつくれる米パンです。

上新粉で湯種をつくってみたら、ちょっと目が詰まったパンができました。
ざらつきがなく、もちもち感が大人気。

上新粉の湯種プレーンパン

材料　2個分（ベーカーズ%）

○湯種用

上新粉	50g	(25%)
熱湯	40g	(20%)

○本ごね用

【A】

国産強力粉	200g	(100%)
砂糖	4g	(2%)
塩	3.2g	(1.6%)

【B】

白神こだま酵母	4g	(2%)
温水	136g	(68%)

＊酵母は約5倍の温水（材料分から取り分ける）で溶かしておきます。

準備【湯種づくり】

1・ボウルに湯種用の上新粉を入れて真ん中にくぼみをつくります。そこに熱湯を入れて木ベラなどで生地をよく混ぜ合わせます。

2・温度が少し下がったら手でこねます。

3・生地をひとつにまとめます。

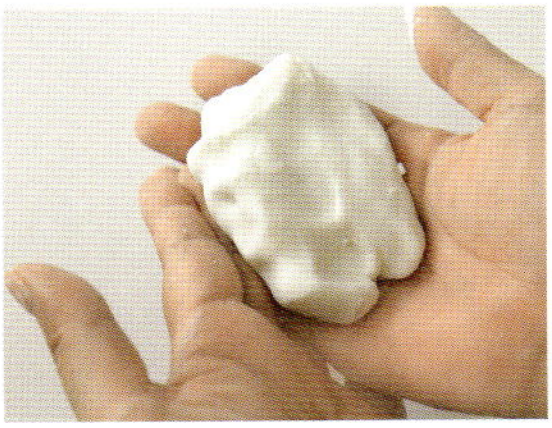

4・冷めたら1㎝角程度に切っておきます。

つくり方

1・【A】の材料をまんべんなく混ぜておきます。粉の中に空気が入り込むことで、酵母の活性がさらによくなります。

2・湯種と【B】の材料を入れて生地をひとまとめにします。まわりについている粉類も、ドレッジなどで取り、生地にまとめます。

3・乾かないようにして10分おきます。生地を休ませることで小麦粉が吸水し、なめらかでこねやすい生地になり、酵母も活性化されます。

4・台に出してこすりつけるように5分ほどこねます。

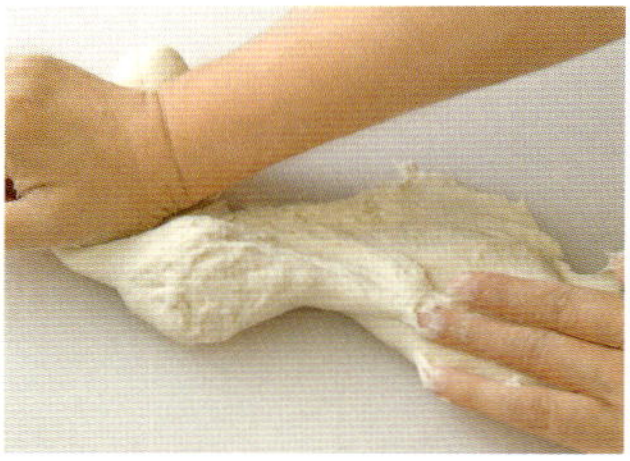

5・生地をきれいに丸めます。

6・乾かないようにふたをして30℃、湿度85％で約50分、一次発酵させます。

7・約2倍にふくらんだら、フィンガーテストをします。人差し指に小麦粉をつけて生地に指を差し込み、すぐに抜きます。穴の形がきれいに残っていれば発酵完了です。すぐにきゅっと戻ったら、もう少し発酵させます。逆に穴が崩れるようになったら過発酵です。

8・生地を2つに分割してなまこ型に丸め、15分ベンチタイムをとります。

9・麺棒を中心から上下に伸ばしながら軽くガスをぬきます。

10・生地を裏返して下から1／3を折ります。

11・上からも1／3折り重ねます。

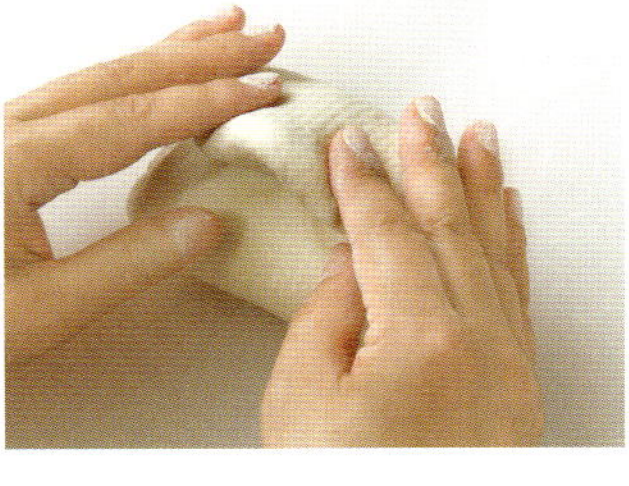

12・さらに半分に折ります。

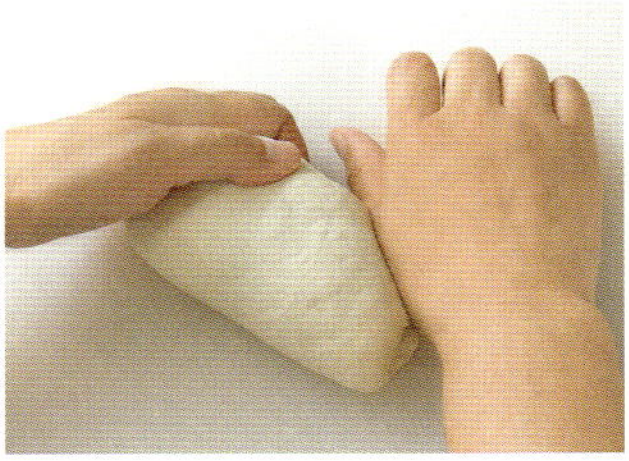

13・とじ目をしっかり閉じ、オーブンシートに並べ、30℃、湿度85％で50～60分、二次発酵させます。

14・クープを入れ、200℃に熱したオーブンに入れ、180℃で20分焼きます。

口当たりがやさしい、食べやすい大きさのパン。
洋風にも和風にも合うので朝食にぴったりです。

湯種テーブルロール

材料　6個分（ベーカーズ%）

○湯種用

上新粉 ………… 50g（25%）
熱湯 …………… 40g（20%）

○本ごね用

【A】

国産強力粉 …… 200g（100%）
砂糖 ………………… 6g （3%）
塩 ……………… 3.2g（1.6%）

【B】

白神こだま酵母ドライ 4g （2%）
温水 …………… 136g（68%）
＊酵母は約5倍の温水（材料分から取り分ける）で溶かしておきます。

準備　湯種のつくり方は湯種プレーンパン（P71）を参照。

つくり方

1・一次発酵までは、湯種プレーンパン（P71）と同様です。

2・生地を6つに分割し【写真a】、丸めて15分ベンチタイムをとります。【写真b】

3・丸め直してオーブンシートに並べ、30℃、湿度85%で50～60分、二次発酵させます。。

4・200℃に熱したオーブンで15分ほど焼きます。

a

b

モチモチした食感ながら、歯切れのよさも自慢です。
ベーグル好きの方はぜひお試しください。

湯種ベーグル

材料　5個分（ベーカーズ%）

○湯種用

上新粉	50g	(25%)
熱湯	40g	(20%)

○本ごね用

【A】

国産強力粉	200g	(100%)
砂糖	6g	(3%)
塩	3.2g	(1.6%)

【B】

白神こだま酵母ドライ	3g	(1.5%)
温水	130g	(65%)

＊酵母は約5倍の温水（材料分から取り分ける）で溶かしておきます。

準備　湯種のつくり方は湯種プレーンパン（P71）を参照。

つくり方

1・一次発酵までは（ただし発酵時間は20分）、湯種プレーンパン（P71）と同様です。

2・生地を80gを目安に5つに分割し、楕円形に丸めて10分ベンチタイムをとります。

3・麺棒で細長い楕円形に伸ばし、三ツ折りにします。【写真a】

4・さらに半分に折り、片方の端を残して端から閉じ、両手で転がしながら形を整えます。【写真b】

5・残した端にもう一方の端を差し込み、しっかり閉じてリングにします。【写真c】

6・オーブンシートなどにのせて30℃、湿度85%で30分、二次発酵させます。

7・大きめのフライパンで水を沸かし、沸騰したら中火にします。両面15秒ほどずつゆでます。【写真d】

8・220℃のオーブンで12～15分焼きます。

a

b

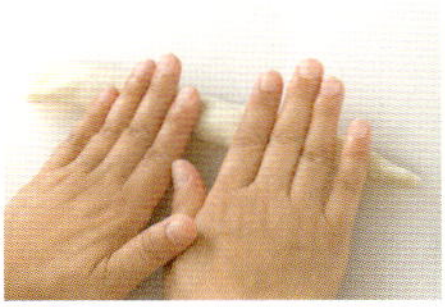

c

d

小麦粉のふっくら感とお米のしっとり感が魅力。
ここでは和の総菜を使いましたが、具はアイデア次第で何でも。

お焼き

材料　5個分（ベーカーズ%）

【A】

国産強力粉	150g	(100%)
上新粉	150g	(50%)
砂糖	15g	(3%)
塩	4.8g	(1.6%)

【B】

白神こだま酵母ドライ	6g	(2%)
温水	210g	(70%)

＊酵母は約5倍の温水（材料分から取り分ける）で溶かしておきます。

高菜	適量
なす味噌	適量

準備　高菜はフライパンで好みの味に炒めておきます。ナスは食べやすい大きさに切ってごま油で炒め、味噌で味をつけておきます。

つくり方

1・【A】の材料をまんべんなく混ぜておきます。

2・【B】の材料を入れて生地をひとまとめにし、乾かないようにして10分おきます。

3・台に出して、もちをこねるような感じで転がすように5分こねます。

4・生地をきれいに丸め、乾かないようにして30℃、湿度85％で約50分、一次発酵させます。

5・65gを目安に8つに分割します。丸めて10分ベンチタイムをとります。

6・生地を丸く伸ばして、高菜、なす味噌それぞれの具を包みます。【写真a】

7・上に飾りを乗せて少し平らにつぶします。生地よりひとまわり大きく切ったオーブンペーパーに乗せて、30℃、湿度85％で50分、二次発酵させます。

8・熱したフライパンに入れてふたをして【写真b】、弱火で10分ずつ両面をこんがり焼きます。【写真c】

a

b

c

高菜
なす味噌

米ベイクフラワーでつくる

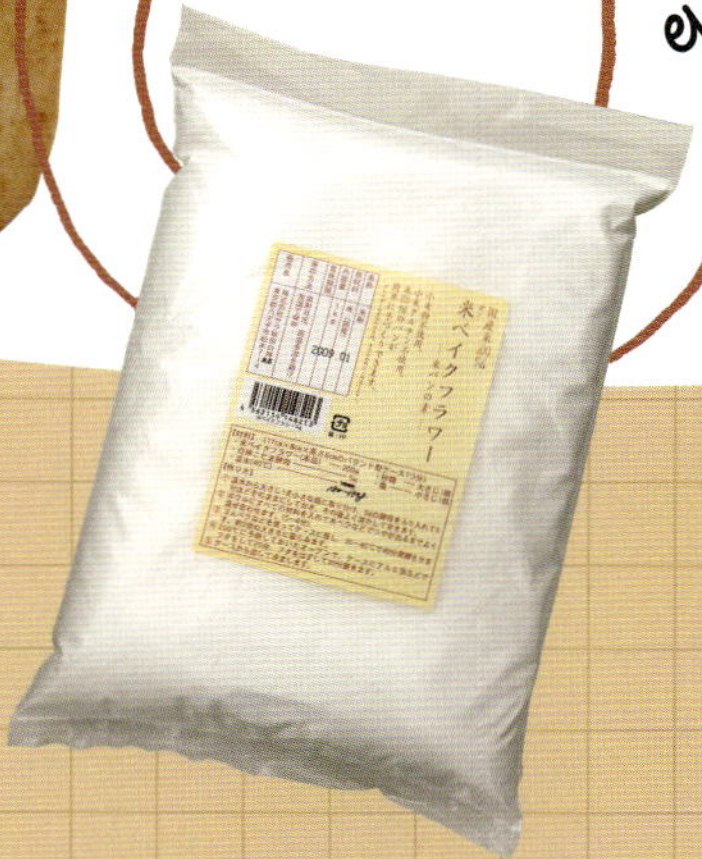

お米パン

材料　一斤分（ベーカーズ%）

【A】

米ベイクフラワー	300g	(100%)
砂糖	15g	(5%)
塩	3.6g	(1.2%)

【B】

白神こだま酵母ドライ	6g	(2%)
温水	270g	(90%)

＊酵母は約5倍の温水（材料分から取り分ける）で溶かしておきます。

つくり方

1・【A】の材料をまんべんなく混ぜておきます。

2・【B】の材料を入れ、生クリームのようなつやが出るまでしっかり混ぜ合わせます。

3・温めておいたケースに流し入れ、30〜35℃、湿度85%で40〜50分、発酵させます。

4・ケースにふたをして160℃に熱したオーブンで10分、200℃で20分、その後ふたを取って200℃で20分焼きます。

米《マイ》ベイクフラワーとは、

国産米を超微粉砕した米粉に、アルファ化した米粉をブレンドしたもの。「ノングルテンの米粉パン」に適した配合でブレンドされています。米《マイ》ベイクフラワーがあれば、あとは砂糖、塩、酵母、温水だけで簡単に「米パン」がつくれます。また、お好みで野菜種を入れると、よりいっそうやわらかなパンが焼けます。そのほか、うどん、ニョッキ、餃子の皮なども簡単につくれます（入手先はP93）。

ニョッキ

材料　1.5人分（ベーカーズ%）

米ベイクフラワー	100g（100%）
じゃがいも	20g（20%）
塩	2g（2%）
オリーブオイル	5g（5%）
水	60g（60%）

準備　じゃがいもは蒸してつぶしておきます。

つくり方

1・ボウルにすべての材料を入れてよくこねます。
2・こねた生地をポリ袋などに入れ、30分ほど乾かないように休ませます。
3・10gを目安に分割して丸め、親指で真ん中を押して形を整えます。
4・鍋で水を沸かし、沸騰したら5分ゆでてざるに上げます。
5・お好みのソースで絡めます。

うどん

材料 1.5人分（ベーカーズ%）	
米ベイクフラワー	100g（100%）
片栗粉 ……………	8g （8%）
水 …………………	85g（85%）

a

つくり方

1・ボウルに米ベイクフラワー、片栗粉を入れてよく混ぜます。

2・水を入れてよくこねます。

3・生地が乾かないようにポリ袋などに入れ、30分ほど休ませます。

4・オーブンペーパーにはさみ、3mm程度の厚さになるまで伸ばします。

5・ペーパーにはさんだまま蒸し器で5分蒸します。

6・冷めたら、パイローラーで4～5mmほどの幅に切ります。【写真a】

食べ方

1・鍋に湯を沸かし、うどんを入れて2分ほどゆでます。このとき、かき混ぜすぎないようにしてください。

2・そっとざるに上げ、冷水に浸して食べます。温かくして食べる場合も、一度冷やしてから温め直してください。

単なる米粉パンではありません
白神こだま酵母ならではの
お米パン

米粉でパンをつくる難しさ

■米粉と小麦粉はどこが違うの？

米粉と小麦粉の決定的な違いは何でしょうか。それは「グリアジン」「グルテニン」というたんぱく質があるかないかです。

小麦粉には「グリアジン」と「グルテニン」があり（一般にこれを小麦たんぱくといいます）、水を加えて練ることによって「グルテン」を形成します。小麦粉の種類によってその小麦たんぱく含有量が違います。小麦たんぱく含有量によって、薄力粉・中力粉・強力粉と区別されているのです。通常パンには小麦たんぱくが多く含まれている強力粉が使われます。

・グルテニン＝伸びにくいけれど弾力がある（建物でいえば鉄骨の役目）

・グリアジン＝弾力に欠けるけれど非常に伸びやすい（建物でいえば壁の役目）

この両者の総称である小麦たんぱくが「グルテンネットワーク」といわれるもの。小麦粉に水を加えてよくこねることでグルテンネットワークがつくられます。そしてグルテンネットワークによって、酵母がつくり出す炭酸ガスを、それぞれの部屋できれいに包めば包むほど大きくふくらみ、ふっくらとしたパンが焼けるのです。

小麦たんぱく含有量の少ない薄力粉や中力粉がパンに不向きといわれるわけは、これでご理解いただけると思います。ましてや、小麦たんぱくを一切もたない「米粉」でパンをつくることなど、それはまったく不可能といわれても当然のことでした。

■小麦たんぱく入り米粉パンが多い理由

そこで、小麦粉から小麦たんぱくだけを取り出して、米粉に混ぜてパンを焼く技術が開発されました。完成したのは米粉に対して15～20％の小麦たんぱくを加えた「米パン」です。もちろん、それは容易なことではありませんでした。米粉を上新粉や上用粉よりさらに微粉砕に挽けるようになったことや、配合割合の研究、温度、製パン技術の開発などがあってようやく実現したことです。

けれども、小麦のグルテンを加えると、小麦アレルギーの人たちは食べられないため、近年はグアガムやキサンタンガムなどの増粘多糖類を加え、ノングルテンの米粉パンをつくる方法も開発されました。これは増粘多糖類がもつ「粘性」を利用して、米粉の生地に粘り気をもたせ、酵母が発酵したときにつくり出すガスを包み込めるようにしたものです。

■米粉でパンをつくる意味

そもそも米粉でパンを焼くということは、わたしたち日本人の食生活の変化によって、もたらされた結論だと思います。「ごはん」より「パン」。つまりごはん離れした現代の食生活に、何とか米の消費を見出さなければならなかったのです。

しかし、米を消費するために添加する小麦たんぱくは、小麦粉から取り出されています。たとえば、米粉の食パン一斤を焼くために必要な米粉が約300gとしましょう。小麦たんぱくは米粉に対して約15～20％使いますから、45～60gの小麦たんぱくが必要になります。

小麦粉によって多少の違いはありますが、25kgの小麦粉から取りだせる小麦たんぱくが約1・3～2kg。2kgの小麦たんぱくがとれたとしても、45～60gの小麦たんぱくを取り出すために562・5～750gの小麦粉が使われたことになります。

つまり、米粉パン一斤の原料は、米粉300gと小麦粉が約560～750gとなります。しかも小麦たんぱくの多くは外国産小麦から取り出され、あとは小麦粉から多少の小麦でんぷんが取り出されますが、残りは廃棄されるのです。

また、バターや乳製品などで味付けされ、小麦のパンのように焼かれていることで、噛めば噛むほどに甘くなる米のおいしさが消えているように思います。小麦たんぱくが添加されているからこそ米「パン」だといわれてしまえば返す言葉もありませんが、お米本来の味からちょっと離れているように思います。

つくりながら教えられた「お米の言い分」

わたしがつくりたい米パンとは、グルテンや増粘多糖類、油脂などを一切加えない米パン、そして、サンドイッチがつくれるように一斤型で焼く米パンです。しかし、これはとても難しいことでした。先に紹介したグルテンについてだけでなく、米粉の性質が小麦粉とは全然違うものだったからです。多くの挑戦と実験と失敗を積み重ねては、今までの製パン技術がまったく通用しないことを痛感し、何度も挫折感を味わいました。そして気がついたのは、「お米にはお米の言い分がある」ということです。お米の言い分にきちんと耳を傾けられるようになってはじめて、米粉の力を生かせるようになりました。

■お米の言い分①
「水は多めにほしい」→生地の水分は、小麦より多く必要

米粉に小麦粉のパンと同じかたさになるように水を加えて「小麦粉パン」のようにこねて発酵させようとしても、全然発酵しません。時間をかけても、温度を調整しても、ほんの少しふっくらしたような感じがするだけで、それは「発酵」とはほど遠いものでした。なぜ発酵しないのだろうかと悩み続けました。

ある日、毎回失敗するので米粉がもったいないからと、いつも試作する量の半分の量でつくりました。ところが、他の仕事の合間でしたので、つい間違えて水分だけはいつもの分量を入れてしまいました。

「あぁ～～、失敗」

ボウルの中でどろどろになった生地を見て、がっかり。でもそのときは他にも仕事があり、しばらくそのままにしておきました。

1時間ほど経った後、失敗作を片付けるべくそのボウルを見に行って、わたしは本当に驚きました。なんと、ボウルの中で酵母たちが、プクプクと発酵しているではありませんか。早速はやる気持ちを抑えながら、生地をケースにそっと移して、オーブンで焼いてみました。

残念ながら見事にぺちゃんこに、まるでお餅のようにつぶれてしまいましたが、そこで大きな前進がありました。それは、小麦粉と米粉の水分量の違いです。水分を増やすと、酵母が働きやすい環境になることがわかったのです。

■お米の言い分②
「グルテンの代わりがほしい」→「のり」を加えて生地に粘りをもたせる

米パンをつくるための次の課題は、発酵でできたガスをどうやって包み込むかでした。米粉には酵母がつくり出す炭酸ガスを包み込むグルテンがありませんから、グルテンの代わりになるものが必要です。

何度か試作していくうちに、生地にもっと粘りをもたせるために「のり」をつくることを思いつきました。風船をイメージしてください。ねっとりした生地が、風船のようにふくらみながらガスを包み込む。「のり」「アルファ(α)化」「アルファでんぷん」……言葉が次々に浮かんできました。

　でんぷんに水を加えて熱すると、粘りが出て全体がコロイド状態になります。これがアルファ化(糊化《こか》)で、アルファ化したでんぷんがアルファでんぷんです。わたしたちがふだん食べているごはんやパンなどはすべて水と熱が加えられていて、アルファ化されているといえます。一方、もとのでんぷんは、ベータ(β)でんぷんといい、かたくて食べることができません。アルファでんぷんは時間が経つとベータでんぷんに変わる性質があります。

　米粉でのりをつくる、おかゆをつくる……。いわゆるでんぷんに水分と熱を加えて「アルファ化」させることを思いつきました。米をアルファ化させて、米粉に対して何%が適量なのかを繰り返し試作を重ねる日々を経て、一定の水分量とアルファ化したでんぷんがあれば、ノングルテンの米粉であってもガスを包み込み、一斤型でパンを焼けることがわかりました。

■お米の言い分③
「グルテンの代わりがほしい(2)」
→ポン菓子の「のり」の働きを利用する

　ある日、わたしは子どものころよく食べていた「ポン菓子」を使うことを思いつきました。ポン菓子は地方によっても呼び方が違いますが、米を圧力釜のようなものに入れて高熱・高圧をかけ、一気にふたを開けることによって急激な気圧の変化を起こし、米をふくらませたものです。早速インターネットでポン菓子をつくってくれるところを探し、砂糖なしのものを注文しました。

　ポン菓子を使えば、簡単に米をアルファ化させられます。試作の結果、「米粉のり」や「おかゆ」は、水分にブレがでて安定しにくかったのですが、「ポン菓子」を使うことで水分が安定し、つくりやすくなりました。

■お米の言い分④
「でんぷんにもいろいろある!」
→「でんぷん」の特徴を把握する

　それからわたしはでんぷんへの興味がわき、それぞれのでんぷんの糊性《こせい》を調べました。すると驚いたことに、同じ片栗粉（じゃがいもでんぷん）やタピオカ粉でも製品によっていろいろな特徴があることがわかりました。たとえば、タピオカ粉とひとくちにいっても、商品によって糊化する温度や冷めてからの弾力が違うのです。

　つまり、お米のでんぷんと、片栗粉やタピオカ粉のでんぷんの性質は違うことになります。でんぷんはすべて同じようなものだと思い込んでいたわたしは、ここでもたくさんのことを学びました。

■お米の言い分⑤
「粉は細かいほどうれしい」→微粉を使用する

　ノングルテンの米パンは、米粉のでんぷんのすき間すき間に、のりが入り込むことによって生地がつながっています。米粉のでんぷんとアルファ化したでんぷん（のり）がしっかり手をつなぎ合うというイメージでしょうか。ですから、米粉の粒子が小さければ小さいほど、たくさんの手がつなぎ合えるということです。しかし、製粉段階で米粉のでんぷんが損傷している場合は、たとえ微粉砕してあってもうまく手をつなげない状態になることがあり、ふくらみの悪いパンになります。

■お米の言い分⑥
「湿度や温度には敏感です」→水分と温度に注意する

　米粉はいくらしっかり混ぜ合わせていても、水分が飛ぶとそこだけ「米粉」に戻ってしまいます。これも小麦粉との大きな違いです。ですからオーブンで焼くときには、表面がしっかり焼き固まるまでは風に当てないように気をつけなければ、表面が白く乾きボソボソの表面になってしまいます。

　温度もとても大切です。同じ水分量でも、温度が低いとかたく感じ、温度が高いとゆるく感じます。ちょっとかたいかなと思って水を足すといきなりゆるくなったり、また一気に水を吐き出したりするのです。なぜそうなるのかはまだわかりませんが、これが米粉の特徴であることを、理解していただけると失敗が少なくなります。

　こね上げ温度と発酵温度も大切。30～35℃のときに米粉と水分がうまく調和するようです。

■お米の言い分⑦
「やわらかさの持続には手助けが必要」
→野菜種《やさいだね》をプラスして「のり」の威力をアップ

　米パンは、焼き上げた当日は、パンの外側はカリカリ、なかはモチモチで今まで味わったことのないような不思議な食感です。でも、翌日になると、ごはんと同様に外側も内側もかたくなってしまいます。

もちろん、かたくなってもレンジで軽く温めたり蒸したり、またトーストすることでおいしく食べていただけますが、お弁当に持っていくとかたくなってしまいます。

この問題を解決してくれたのが「野菜でんぷんの力」です。じゃがいも、さつまいも、かぼちゃ、長いも、れんこんなどの野菜にはでんぷんが多く含まれています。片栗粉やコーンスターチといった精製したでんぷんを使うのではなく、野菜をまるごとすりおろして食物繊維も成分もすべて使い、水を加えて加熱してのり状のものを加えてみると、当日のやわらかさは当然でしたが、翌日になってもそのまま食べられるような、やわらかな米パンが焼き上がりました。名づけて「野菜種法」(特許出願中)。

米の「のり状」化した一種類のアルファでんぷんだけではなく、他の種類のアルファでんぷんが入ることによって、劣化する速度が遅くなるように思います。野菜のもつ生命力にも何か秘密があるのかもしれません。

■お米の言い分⑧
「乾燥は苦手です」→「炊飯器で炊く」とさらにふんわり

野菜種を使っても解決できなかったこと、それは焼き立ての外側のカリカリ部分が翌日にはボソボソと食べづらくなることでした。また、ふたをして焼き上げても、ほんの少しでも風が入ってしまうとその一部が米粉に戻ってしまって白くなり、きれいな焼き色がつかず、その部分はおいしくありません。

風に当てずに、ふんわりと焼きたい。

そう思っていたときに目に入ったのが炊飯器でした。炊飯器なら炊き上がるまで余分な空気に触れずにすむかもしれない。そう思い、発酵させたあと炊飯器に入れてスイッチを押してみました。やがて炊き上がりを知らせるブザーが鳴って、そっとふたを開けてみると、なんとそこには真っ白につやつや輝くパンができあがっているではありませんか。

オーブンで焼いていないので外側もふっくらしていて、けれども蒸しパンとは違って蒸気を吸収していない「ふっくら米パン」が、そこにはありました。やっぱりお米はお米、炊飯器との相性がとてもよいのです。

■お米の言い分⑨

「国産小麦との相性もいい」

→ごはんの甘みをパンに生かす

国産小麦とお米、この相性もまた格別です。国産小麦も米も噛めば噛むほど味わい深くなります。それを一度に楽しめるパンの開発に取り組みました。

以前、学校給食の栄養士さんから「パン食のメニューを考えるのは大変です」というお話をうかがいました。脂質や糖分が多いため、栄養のバランスを考えるのが大変らしいのです。確かに、パンにはやわらかく仕上げるためのショートニングやマーガリン、それなりの量の砂糖も入っています。

ところが、パンにごはんを入れることによって油脂を使わなくてもパンがやわらかくなり、ごはんの甘みがあるので砂糖の量も減らせます。

小麦粉のパンには、油脂や卵やたくさんの砂糖が不可欠と思い込んでいらっしゃる方も多いのですが、ぜひ一度ごはんと小麦の自然な甘み、やわらかさをお試しください。これなら、栄養のバランスもとりやすいメニューになると思います。また、すばらしい米の活用法だと思います。

■お米の言い分⑩

「上新粉も使い方次第でパンになる」

→上新粉は湯種《ゆだね》にして使用する

米パンには微粉砕の米粉を使うとお話しましたが、上新粉も熱湯で処理して湯種をつくり生地に練り込むことで、粒子の大きさが気にならなくなります。食べたときのざらつき感もありません。

上新粉湯種は小麦パンをつくるときに加えてみてください。小麦粉のパンをつくる力と、お米のしっとり感や甘みなどお互いの特徴を生かすことによって、今まで不可欠と思われていたものが不要となり、新たなおいしさを引き出すことができます。

米パンづくりQ&A

Q 発酵させているのに、全然ふくらみません。

A

・白神こだま酵母を35℃の温水で溶かしましたか？（40℃以上の温水で溶かすと酵母が損傷するため活性が悪くなります）

・水分量は間違えていませんか？

・生地のこね上げ温度は30～35℃でしたか？

・ケースを35～40℃くらいに温めておきましたか？（冷たくても熱すぎてもいけません）

・発酵の環境の、温度と湿度に間違いはありませんか？

Q 焼き上がったらぺちゃんこに潰れていました。

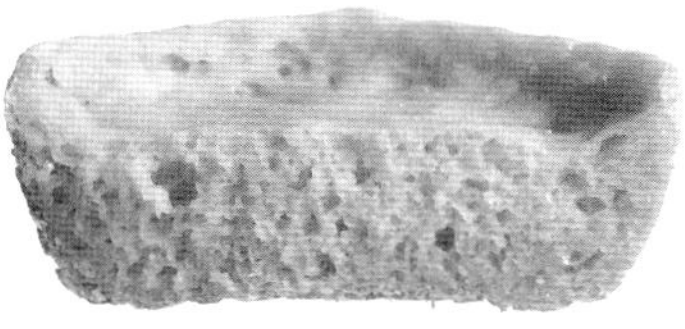

A

・発酵させ過ぎてはいませんか？（発酵させすぎると、ひとつひとつの風船が弱くなってしまい、焼いている間にガスが抜けてしまいます）

・ケースを移動させるときに、どこかにぶつけたりショックを与えませんでしたか？（小麦粉のようにしっかりしたグルテンがないので、ショックが加わるとガスが抜けてしまいます。移動は慎重にしてください）

・水分量は適量でしたか？（使用する米粉や野菜〔種用〕によって多少、水分量が変わりますので、生地の状態がよかったときを基準にしてください）

Q

焼き上がったら表面が白くガビガビになっていました。

A

・発酵のときに、生地を乾かさないようにしましたか？

・焼成するときに、糊化するまで風が当たらないようにしましたか？

・小麦粉は一度水分を取り入れると水和されて、その後水分を吐き出すことがありませんが、米粉は熱が加わらない限り完全に水和することがありません。ですから生地が乾くと水分が下へ逃げて、表面は米粉だけ残されます。そのためいくら焼き色をつけたくても粉自体にきれいな焼き色をつけることができず、白くガビガビになってしまいます。米パンは生地を乾燥させないことが大切なポイントです。

Q

グルテンを加えない米パンは他にもありますが、油脂が入っているものがほとんどです。このパンには油脂を加えなくても大丈夫ですか。

A

油脂を使うと、気泡を包んだ生地がつぶれにくくなるように思います。本書で紹介したやり方はアルファ化したでんぷんが気泡を包み込むので油脂を使わなくても大丈夫です。むしろ、使わないほうが米本来の味が損なわれず、おいしく食べられると思います。

Q

白神こだま酵母について教えてください。

A

今からおよそ８００万年前に、日本海が隆起してできたといわれているのが、秋田県と青森県にまたがる「白神山地」です。白神山地のブナ原生林は、およそ8000年～9000年ほど前からその形成が始まったといわれています。パン用酵母「白神こだま酵母」は、1997年に白神山地のブナ原生林から、秋田県総合食品研究所と秋田県の故小玉健吉工学博士によって発見されました。

白神こだま酵母は、一年のうち半年も雪で覆われるという過酷な環境を生きぬいてきたその強い生命力と特性で、油脂や卵、乳製品、たくさんの砂糖や添加物などを使わなくても、自然な甘さのやわらかなパンを焼くことができます。パンには不向きといわれていた国産小麦ともとても相性がよく、国産小麦とほんの少しの砂糖や塩だけで、ふんわりやわらかな自然な甘みのあるパンを短時間で焼くことができます。白神こだま酵母の使い方は本書25ページを、酵母の詳しい説明や国産小麦パンのつくり方については、『白神こだま酵母でパンを焼く』『白神こだま酵母パン』（いずれも農文協）をご覧ください。

Q 白神こだま酵母ではなく、イーストでもつくれますか。

A イーストでも可能ですが、もしかしたら味が足りないと感じるかもしれません。白神こだま酵母は味や香りをつくり出すので、最小限の砂糖や塩でおいしくできます。

Q 米《マイ》ドルチェは、どんな米粉ですか。他の米粉でつくっても大丈夫ですか。米《マイ》ベイクフラワーとはどんな米粉ですか。

A 米ドルチェは国産米を微粉砕にした米粉です。お菓子やパンづくりなど全般に使えます。他にもリ・ファリーヌやリ・ブランなど製菓用の微粉砕の米粉であれば、同じようにつくることができますが、水分量が変わってきますのでご注意ください。

米ベイクフラワーは国産米を微粉砕したものに、アルファ化された米粉が入っています。そのためパフ種やおかゆ、米粉のりなどを使わなくても、ここに砂糖と塩と酵母と温水を混ぜ合わせれば、ノングルテンのパンをつくることができます。他にも、ノングルテンのうどんやパスタなどが簡単につくれます（78ページ参照）。

Q 保存法とおいしい食べ方を教えてください。

A オーブンで焼いたパンは、香ばしい外側をぜひ召し上がっていただきたいので、焼き立てをお楽しみください。

粗熱がとれたら、両方のミミはすぐに切れます。パン切りナイフをぬらしながら切ると、断面がはなれやすくきれいに切れます。巻き寿司を切るときの要領でゆっくり切ります。両方のミミを切ったら、完全に冷めるまで待ってからスライスします。できれば翌日、パンが落ち着いた頃のほうが切りやすいでしょう。

炊飯器で炊いたパンはひと冷めしたら、パン切りナイフをぬらしながら切り分けてください。

オーブンで焼いたパンも、炊飯器で炊いたパンも、小麦のパンに比べ水分の量が多く、カビやすいので、常温での保存には十分に注意してください。3日以上保存する場合は冷凍保存をおすすめします。乾かないようにひと切れずつラップで包み、それをまたポリ袋などに入れて空気に触れないようにして冷凍します。

解凍するときは必要な分だけを取り出し、レンジ用の紙袋などに入れて温めるか、半解凍後トーストしていただくと、いつでもおいしく召し上がっていただけます。

国産米粉（米ドルチェ、米ベイクフラワー）、パフ種、白神こだま酵母ドライ、セラミックボールなどのお問い合わせ先

＊白神こだま酵母®は、秋田十條化成株式会社が秋田県より特許の実施と商標の使用を許諾され、製造および販売をしています。

株式会社サラ秋田白神 東京事務所
〒192-0362　東京都八王子市松木7－4
TEL：042-679-7173　FAX：042-679-7170
http：//www.sala1.jp/

※米ドルチェ、米ベイクフラワーの製造元
株式会社マイオール
TEL／FAX：042-676-2125
http：//www.mai-all.jp

白神こだま酵母ドライ 各地取扱店

製菓・製パン材料の専門店　アントゥルメ（桜井通商株式会社）
〒060-0010
北海道札幌市中央区北10条西17丁目1－4
TEL：011-611-7703　FAX：011-611-8800
http：//www.entremets.co.jp

フードカルチャーおおくら
〒260-0045
千葉県千葉市中央区弁天1－18－2
TEL：043-255-7511　FAX：043-255-7529
http：//www.ohkura-culture.co.jp/

株式会社ナチュラルキッチン 粉に砂糖ドットコム
〒451-0045
愛知県名古屋市西区名駅2－27－39
TEL：0120-572310　FAX：052-563-0378
http：//www.572310.com

Jhcジャパン ホームメイドケーキチェーン ナンバ店
〒556-0011
大阪府大阪市浪速区難波中2－7－4
TEL：06-6633-5301　FAX：06-6633-5305
http：//www.kk-awajiya.com/

株式会社サトー商会 C＆C部
〒983-8556
宮城県仙台市宮城野区扇町5－6－22
TEL：022-236-5644　FAX：022-236-5628
http：//www.satoh-web.co.jp/

クオカショップ自由が丘
〒152-0034
東京都目黒区緑が丘2－25－7
ラクール自由が丘「スイーツフォレスト」1F
TEL：03-5731-6200
http：//bakingdays.cuoca.com/

ママの手作りパン屋さん（戸倉商事株式会社）
〒520-0002
滋賀県大津市際川3－36－1
TEL：077-510-1777　FAX：077-522-3708
http：//www.mamapan.jp/

株式会社プロフーズ 岡山店
〒700-0985
岡山県岡山市厚生町3－5－1
TEL：086-234-0700　FAX：086-234-0800
http：//www.profoods.co.jp/

あとがき

はじまりは、小麦アレルギーのお子さんのため

なぜわたしがここまでノングルテンにこだわるのか。それは食物アレルギーのお子さんを抱える多くのお母さんたちの声を耳にしたことから始まりました。

パン工房で、国産小麦と白神こだま酵母、ほんの少しの国産キビ砂糖と天然塩、水だけで、ふんわりやわらかなパンを焼いていた頃、お客さまから「お兄ちゃんはこちらのパンが食べられるのですが、弟は小麦アレルギーでパンが食べられないんですよ」といわれました。

「小麦アレルギー」。勉強不足でしたが、4～5年ほど前にその言葉を初めて知りました。それまで三大アレルゲンとされていたのは「卵・乳製品・大豆」だったので、わたしはそれまで「三大アレルゲンを使わなくても、こんなにやわらかでおいしいパンが焼けるのですよ」というのが自慢でした。しかし、そのときすでに三大アレルゲンは「卵・乳製品・小麦」になっていたのでした。

考えてみれば、戦後一気にパンの技術革新も進み、とくに朝食は「ごはん」から「パン」へとわたしたちの食事スタイルも変わり、学校の給食もそのほとんどがパンに切り替わりました。小麦粉はパンだけではありません。うどん、そばのつなぎ、ラーメン、パスタ、餃子、お好み焼き、焼き菓子、洋菓子、スナック菓子……一日に何度か食べていますね。しかも、「小麦」に対する単純な反応ではなく、大気汚染や、さまざまな添加物や化学物質の摂取による複合汚染と考えられるアレルギーは増える一方です。

「幼稚園のお弁当にサンドイッチを持たせてあげたい」

「お母さん、パンっておいしいの?」

「どうして、わたしはハンバーガーを食べられないの?」

お子さんの問いかけにとまどう親御さんのさまざまな思いを聞くにつれ、何とかノングルテンで米粉のパンがつくれないものだろうかと、思うようになりました。2002年のことです。

一斤型でノングルテンの米パンを焼きたい

ノングルテンの米粉パンをつくるうえで、特にふたつのことにこだわりました。ひとつは「引き算のパンづくり」です。米のおいしさをそのまま伝えたくて、ほんの少しの砂糖と塩だけで焼き上げる米パンを目指しました。

もうひとつは「一斤型で焼くこと」です。グルテンのない米粉生地はガスを包み込む生地の柱が弱いため、生地量が増えると支えきれません。パウンド型で米粉パンを焼けば簡単なのですが、そんな小さなパンではサンドイッチをつくることができません。ですから、どうしても一斤の食型で焼きたかったのです。

そのこだわりを実現してくれたのは、「白神こだま酵母」でした。米粉の危ういのり状の生地が、まるで話し合いでもするかのように、そっと、しかし確実にガスを包み込んでゆくそのバランスが、本当にいじらしく思えるほど見事でした。温かな環境と、ほんの少しの糖分をご褒美にするだけで精一杯働き、一斤食型の中でしっかりと米粉と相談しながら発酵を進めているのです。

縄文時代に端を発した白神山地のブナ原生林を故郷とする白神こだま酵母と、弥生時代から日本の大地で始まった稲作の米が一体となり、21世紀になってノングルテンの米パンを焼く。そのようなことを誰が想像したでしょうか。

「日本の米パン」で新しい米の食文化が生まれる

小麦アレルギーへの対応のためにつくり始めた「ノングルテンの米パン」は、できあがってみたらなんと、誰もがおいしく食べられる「日本の米パン」になりました。見た目はパン、でも噛むとだんだんごはんになっていく、わたしたち日本人が好きなお米の味を楽しむことができるパン。

パンから始まったわたしの米粉の研究は7年目の今、「うどん」や「パスタ」などにも及んでいます。お米の言い分を聞いてあげると、また「新たな米の食文化」が始まりそうな気がします。

日本の食文化の基本はお米です。小麦の代替品として米粉を使うのではなく、お米の甘みや旨味を引き出し、自然の恵みでふっくらおいしい米パンをつくり、ぜひ家庭全員で召し上がっていただきたく思います。

著者略歴

大塚せつ子 おおつか・せつこ

料理研究家
米粉製品技術アドバイザー
サラ・パン教室及び米粉教室主宰

1995年	天然酵母パンの店パン工房Sala・ブレッドハウス創業
2001年1月	全国で初めて白神こだま酵母パン専門店を創設
2001年2月	秋田県総合食品研究所より「白神こだま酵母技術アドバイザー」を委嘱される
2001年5月	(株)サラ秋田白神設立
2002年3月	サラ・パン教室開講
2008年11月	サラ・米粉製品専科教室開講

著書

『白神こだま酵母でパンを焼く』
『白神こだま酵母パン』(いずれも農文協)
『白神こだま酵母のパン作り』(グラフ社)
『白神こだま酵母の焼きたてパンLESSON』(白夜書房)
『5つの酵母と素材を生かした基本のパン作り』(辰巳出版)

サラ・パン教室

〒151-0066
東京都渋谷区西原2-28-3クローバービル
TEL/FAX:03-3468-1273
http://www.sala-school.com

ノングルテンでふんわりやわらか
白神こだま酵母のお米パン

2008年11月25日 第1刷発行

著者 大塚せつ子

発行所 社団法人 農山漁村文化協会
〒107-8668
東京都港区赤坂7丁目6-1
電話/03(3585)1141(営業)
03(3585)1145(編集)
FAX/03(3589)1387
振替/00120-3-144478
URL/http://www.ruralnet.or.jp/

製作	編集室りっか
デザイン	中曽根デザイン
写真	原田崇
スタイリング	本郷由紀子
調理協力	島﨑裕子
印刷	(株)東京印書館
製本	笠原製本(株)

定価はカバーに表示
乱丁・落丁本はお取り替えいたします。

ISBN978-4-540-08247-4